ちくま文庫

アイヌの世界に生きる

茅辺かのう

JN095840

筑摩書房

目次

アイヌの世界に生きる

はじめに

冬の十勝の畑作地帯は、まばらな農家と、きれぎれに走る裸木の防風林と、黒ずんだ針葉樹の木立のほかは白一色に掩《おお》われ、捉えどころもなく広く感じられる。十勝平野の北東、足寄《あしよろ》町の近くに住む七十歳ちかいアイヌのトキさんの家は、そうした農家のひとつである。十年あまり前のことになるが、私は一月から二月にかけての半月あまりをそこで過し、トキさんから知人を介して頼まれたアイヌ語の口述筆記を手伝った。

これは日ごろ親しくしているアイヌの知人から、何気なく持ちこまれた冬の仕事にすぎないが、私にとってはそれ以上の意味をもつ出来事だった。北海道に移り住んで十年、かねて願っていたことだったたからである。

私は、敗戦後の食べる物も不自由な時代に、労働組合運動に関わっていたが、六〇年ごろには勤めの合間に、九州の炭鉱で働く人たちの支援活動を手伝い、気持の上では勤めより大切にしていた。そのころになると世の中も落着き、私自身の生活と意識のズレも大きくなり、しかもどちらにも徹底しない曖昧な状態が続いた。このまま惰性に流されて生きたくないと思い始めた私は、今の生活を変え、生産の現場で働いてみようと決心した。

東京を離れることを考えたのはこのころであり、北海道で働こうと思ったのは、その自然を知りたかったからだった。ただの行きずりではなく、実際にその土地の生産的な仕事に就き、自分の生活をもったうえで季節を感じたいと思った。

それから数か月間、私は次の生活の準備に没頭した。いざこれまでの生活を変えるとなると、もろもろの思いが押し寄せ、実務で処理できない気持の問題には目をつぶることにした。起り得ると思われることは考えられるだけ考え、知る人も何も手がかりのない北海道へは一度出かけて、住むところの当てだけはつけた。

仕事を辞める積極的な理由はなかったので、傍目には唐突に、五月のある日、リュックサックに登山靴を履いて東京を出発した。北海道は雪解けのあとで、あっけらかんとして明るく、冷たい空気の下で草木の色が鮮かだった。

北海道では季節労働をすることに決めており、自分で仕事をみつけた。

網走の水産加工場と帯広南部の農家の仕事で最初の三年が過ぎたときは、夏の短い土地での肉体労働がいかに体を痛めつけるかを思い知らされ、この生活を始めたころの気持は挫けそうになった。しかし、雪に閉ざされた冬の時間が人と人との関わりを深め、さまざまな豊かな実りを用意していることを、夏の疲れを補ってあまりあるほど味わい、この土地から離れがたくなってもいた。

何人かのアイヌの人たちと近づきになれたのはこのころからで、生活を通して出会いたいという望みがかなえられた。その人たちとのどの場面にも、冬の景色がある。働く中で顔見知りになるのがやっとだった人々との関わりが冬に持ち越され、そこで実を結ぶという形である。

私はアイヌの人たちを知って、その実情が北海道の風土といかに不可分のものか、道外ではほとんど知られず、私自身具体的には何も知らなかったかを、改めて考えさせられた。

トキさんの口述筆記の話は、そうしたアイヌの知合いの中で早くから親しく、また世話にもなった知人の仲立ちで実現した。

知人は阿寒湖畔の観光土産品店「アイヌの店」の女主人で、戦後もっとも早く商売を始めた一人である。私が農家の仕事を切りあげて冬の阿寒湖を見に行ったとき、初めて会ったのだが、当時四十代半ばの彼女は、初対面の私を旧知のように茶の間へ上げてもてなしてくれた。二人の子供たちがまだ幼かった三十代の初めに夫と死別したあと、一人で店を切り回し、親戚の子供も引取って育ててきた頼もしい女性で、私は時間のたつのを忘れて話しこみ、とうとう泊ることになってしまった。

彼女は、私が農家で働いていたと知って、いま会ったばかりというのに、自分の店で働いてほしい、農家よりずっと楽だからと、何度も何度も言った。私は思いがけない成行きに驚いて、繰返し断ったが、ゆったりした口調ながら自分の意見が通るまでは引き退らないという強気の頼みに、とうとう根負けして、次の生活の計画を止め、春からそこで働くことにした。

この知人に会ったことは、その後私がアイヌの人たちとの関わりを深める節目になった。以来、アイヌに関するさまざまの動きや情報に無関心ではいられない。

翌年の春から秋まで、その店で一季節働いた。それが縁で次の年は、アイヌ部落に開店した木彫師たちの共同組合の店を引き受けることになり、仕入れから販売まで全く初めての仕事を一人で二年続けた。こうして三年間暮した阿寒湖畔は、道内で住んだ他のどこよりも馴染みの深い場所になった。

その後私は旭川へ移り、刺繡の仕事を中心に、図案を頼まれたり、市場調査の手伝いをするなど、不安定な収入と引換えに時間に縛られない身軽な暮しを続けていた。冬に一度は阿寒湖畔へ行きたいと思ったからである。いつも知人の家に泊めてもらい、半ば身内のような顔で刺繡や家事を手伝いながら何日かを過す。その間に何人もの人と再会し、出稼ぎで道外へ散っている若者たちの最新の消息を聞くことができた。

その冬もまた知人を訪ねた。ストーブの燃える茶の間で家族の人たちといつものように賑やかなお喋りをしていたところ、知人はふと思いついたように「あ、そうだ、あんたのこと教えてやろう」と呟き、トキさんの話をした。

「あの十勝のばあちゃん、ここへ来たことあるからあんたも覚えてるべ。私、前からあのばあちゃんに、秘書してくれる人探してほしいって頼まれているんだ。アイヌ語を喋るから書いてほしいっていうんだけど、そんな人なかなか見つからないもんね。

あんたのこと思い出せばよかったんだ。それくらいのこと出来るべさ、書いてやればいいんだ。ずっと気になっていたけど、これで安心した、よかったよ」

アイヌ語の口述筆記――トキさんの秘書をする話は、こうしてごく自然な形で私の前に現れた。

この知人は娘のころ、アイヌの農民化政策によって農耕を強いられた両親に代り、毎日畑で倒れそうになるまで働いた人なので、農家の苦労がよくわかる。かつての自分自身にひきつけて、トキさんに特別の親しみと尊敬をもっていた。

「あのばあちゃんは、畑やりながら子供を十人だか育てたんだよ。末子がまだ赤ちゃんのときおやじさんが死んだけど、一人で頑張って子供をみんな学校さ上げたんだから。母親がそうだから子供たちもしっかりして、みな自分で働いてる。この近くに店をもって楽に暮してる息子が引取る気でいるけど、ばあちゃんは、十勝でまだ農家やってるんだ。秋になると、自分で作ったキャベツやらじゃがいもやら息子の家へ届けにきて、うちへも寄るけど、一人がいいってすぐ帰るんだ。気性なら強いよ。だから農家を続けられたんだね。私には真似できない」

生家の畑は、知人が結婚して家を出たあと誰も続ける者がなく、人手に渡ってしまった。けれどもこうして楽な暮しができるから惜しいとも思わない、あのまま畑仕事を続けていたら体が保たなかったと、当時を振り返った知人は、しばらく間をおいて言った。

「あのばあちゃん、アイヌでなくてシャモ（日本人）なのに、食べるものでも歌でも踊りでも、アイヌのことなら何だって知ってるんだ。私なら、ここで店もってから人に教えてもらって少し覚えたくらいで、アイヌのくせして何も知らないんだ。だって、私の親はアイヌの言葉も話さなかったもの。あのばあちゃん、どうしてあれだけ覚えられたんだろうね。やっぱり頭がいいんだ。まずあの頭にはかなわない」

私は何年か前に会った小柄なトキさんの姿にこの話を重ね、そこまでアイヌの家族になりきって暮すようになったいきさつを知りたいと思った。アイヌ語そのものと同じくらいトキさんという人間に対する関心も強く、私はこの話を二つ返事で引き受けた。

知人の家は、阿寒湖畔で商売を始める仲間たちの頼もしい拠りどころになっていた。夏も冬も人の出入りのない日はなく、一体誰の家かわからないくらい、来る人はみな自由に振舞い、さまざまの情報が次から次へ集まってきた。トキさんの話もそのひとつだったのである。知人がそれをたまたま思いついてくれたことは、私にとってどんなにうれしかったかわからない。

ところで、「ばあちゃんに話しとく」といったきり、知人からの連絡はいつまでたってもこなかった。その年の暮近く、私は何度目かの電話をして尋ねたのだが「それより、正月はうちですればいいから遊びィおいで」と、いつものゆったりした柔かい声が返ってきただけだった。

一日も早くトキさんに会って話を聞きたいと思っていた私は、気が急《せ》くあまり、いまが休息の冬であることを忘れていた。季節労働をしてみてもっとも強く感じたのは、冬の時間が夏に比べて気の遠くなるほどゆっくり進むことだった。

時を刻むというより、ストーブに集る人々を取り巻く空間、または、雪に閉じこめられて流れのなくなった時間という風だった。そう感じていながら、この場合は心が逸《はや》ったのである。

私は思い切って時間の幅を拡げ、冬の終るまでを目処《めど》に、期待しないで待つことにした。一月の中ごろ、遅い正月をするために阿寒湖畔を訪ねたが、トキさんの話はしなかった。

ところが着いた翌日の昼すぎ、急に十勝へ行くことになった。知人は近くに住む甥に電話して、車が空いていたら回してほしいと頼み、次いでトキさんには、これから私と一緒に行くと伝えた。口述筆記の話が出てから三か月近くたって、ようやくここまで漕ぎつけたのだった。

この日私は、知人にはそれなりの都合や心づもりがあったために日数がかかったことを知った。最初は簡単に考え、電話をしておいてもらえば直接私がトキさんを訪ねて事が運ぶと思っていたのだが、知人は自分も出向かなければ気がすまなかったのである。それは年上のトキさんに対する礼儀と、私への好意の表れだった。

知人には負担をかけてしまったが、十勝まで六十キロほどの道を車で走るのは楽しかった。黒々と深い国立公園の森を抜けるまで、車に一度すれ違っただけで、時折高い枝の雪がザーッと舞い落ちるほかは動くものを見なかった。

森が終り、まばらな木立越しに空が拡がると耕地が見えはじめ、人の住む気配が感じられる。いよいよ十勝平野である。

その時、「ほれ、見な。鹿だよ」と知人が大きな声を上げた。

小高い丘から国道めがけて一散に駆け下りてきた鹿は、頭を下げ白い息を吐きながら、私たちの車と並んで疾駆した。やがて次第に遠退き、丘の向うに見えなくなった。

「親にはぐれたんだねえ。まだ子供の鹿でしょう。水飲むって川へ下りて行ったんだよ。見つかって撃たれないばいいけど……」

知人の言葉に、運転手の青年は言った。

「おれなら撃つさ。いやあ、今日は鉄砲積んで来んかったからな。惜しいことした。あれくらいの若いのが一番うまいんだよ。大分食えたのになあ」

カーブの多い山間の道を下るにつれて視野が開け、農家の散らばる平地にかかると、間もなくトキさんの家に着いた。

トキさんは車の近づくのを見通していたらしく、戸口まで出て笑顔で私たちを迎えた。

「しばらくだねえ。来たいと思ってもなかなか出られないんだ」

手土産を押しやりながら挨拶すると、知人は早速仔鹿が現れた話をした。そうして、すんなり本題のアイヌ語の話に移った。

トキさんは待っていたように、勢いこんで話しだした。敷居を指し、敷物を撫で長《なげ》押《し》を見上げて、それぞれのアイヌ語を発音してみせ、その他身の回りの物事はひとつ残らず書きとめておきたいと言った。アイヌ語の記録を思いたってから三年ほどの間に溜った思いが、いま溢れ出て止まらないといったひたむきな話しぶりであった。

　私は数年前に会った印象ではわからなかったトキさんの一面を見て、二人でどんな毎日をすごすことになるのか楽しみになった。そのためには、いつから始めて何日ぐらいの予定なのか、どんなことに気をつければよいのか、聞きたいことがたくさんあった。

　ところが知人は急にさりげなく、帰る挨拶をはじめた。外にはもう車がきて待っていた。

　とりあえず私は次に訪ねる日を決め、テープにとってほしいというトキさんの希望を聞き、いちばん近いバスの停留所を確かめた。打合せはそれだけだった。

　あわただしい訪問を終えて阿寒湖畔へ帰り着いた時は真暗になっていた。わざわざ車を頼みとんぼ返りしただけだったが、じかに三人が向き合うことに意味があったのである。電話一本ですませたり、人を使いに出したりするのではなく、たとえ短い時間でも自分で出かけて行って顔を見て話す。知人はそうせずにはいられなかった。効率よりも心を大事にするつきあいが、アイヌの人たちの間では当り前のこととして生きているのだった。

翌日旭川へ帰ると、私は早速荷造りを始めた。ノート、メモ用紙、筆記用具、新しいテープレコーダーとテープ十本を買った。口述筆記の合間に刺繡の仕事をするつもりで材料の布や糸を揃え、着替えや身の回りのこまごましたもの、薬、雨具、菓子などまで加えた。

まるで山登りか店のないところへ出かけるような大げさな準備に、我ながらおかしかったが、何日かかるかわからなかったその時はどれも必要で省けなかった。私は漠然と、長くて一か月以内と思っていた。三人で会ったとき、知人はトキさんの都合を確かめずに、春まででもいればおたがいに助かると私に言ったが、それはあまりにも長すぎ、トキさんも困った顔をして黙っていたのである。

旅行鞄二つと手回り品の袋の三つの荷物が出来た。私は遠出の前の緊張した気分を味わいながら、今度のことは知人の好意がなければ実現しなかったと、しみじみ思った。

十勝へ

トキさんの家までは一日かかる。朝八時前の急行で旭川を発つと、帯広へ正午前に着く。それから一時間半待ち、バスに一時間半乗らなければならない。

バスの乗客は座席の半分もいなかった。それも一人二人と降りて減るばかりで、人家も次第に少なくなり、針葉樹林と雪の畑が続く。ときどき思い出したように小さな町や集落が現れる。

やがて見覚えのある形の木と白い家が現れ、そのずっと手前の停留所に人影が見えた。トキさんが迎えに出てくれたのだ。

トキさんは、停留所の大分先で降ろされた私に向かい、「おーッ、おーッ」と元気よく片手を挙げて呼んだ。私の肩ほどの小柄なトキさんは濃紺のオーバーに黒いズボンをはき、着膨れしてひと周り大きくみえた。

トキさんも私も挨拶しながら自然に顔がほころび、上機嫌で歩いた。「ひとつ持ってやるかい」と、大きい方の荷物に手を伸ばすトキさんに、私はその気持だけを受けることにした。

国道からいちばん遠くにあるのがトキさんの家である。その向うには、灰褐色の冬木立に掩《おお》われた丘陵が続き、その裾を利別川《としべつ》が流れているが、こちらからはただ雪の平地が拡がって見えるばかりで、川岸までの距離も川面も見きわめがたい。トキさんの家と国道の間には家が一軒あるだけで、そこに娘の文子さんの家族が住んでいた。トキさんはその前まで来て急に「ちょっと寄っていこう。あんたのこと話してあるんだ」と言ったので、私はこんな近くに娘さんがいることをはじめて知った。茶の間へ上り、文子さん夫婦と初対面の挨拶をした。二人とも気のおけない好感のもてる人だった。

そこから先の雪道は急に細く柔かくなり、点々とついた足跡を頼りに歩いた。家に近づくにつれて雪は深くなり、一歩一歩、足を抜き刺しして進まなければならなかった。急に風が冷たくなりはじめたころようやく家に着き、暖かい茶の間でほっと一息つくと、もう辺りは暮れていた。

トキさんは元気よく立上り、「今日は私が御飯支度するから、あんたはゆっくりしてなさい」と、明るく張りのある声で言った。

窓の外は、雪原の向うに防風林と屋根の一部が黒く見えるだけでしんとしていた。数時間前の帯広駅の賑わいが遠いことに思われ、ここに坐っている自分が他人のように感じられた。

やがて台所の物音が消え、トキさんが運んできたのは、取り合わせのよい御馳走だった。焼いた豚肉と野菜の煮付、手作りの魚入りの漬物、それに焼酎まで添えてあった。北海道で冬食べる漬物はおいしい。たくさん仕込んで暖房のない場所に置いておけば、冬中凍ったままで貯蔵できる。魚は毎日水を替え完全に血抜きしてから野菜と一緒に漬けるので、生ぐさくない。

食事がはじまると、やっと落着いて話ができた。トキさんは夕食の材料を文子さんに頼んで町まで買いに行ってもらい、自分は夜具の支度や部屋のしつらえなど、私のために、朝から何かと心を砕いていたのである。身内ではない泊り客は、これまでなかったことがあとでわかった。

トキさんの心づくしの手料理はどれもおいしかった。焼酎に蜂蜜を入れて熱湯で割ると口当りのよい飲物になることを、この時教えてもらった。

時間を気にせず誰にも気がねなくトキさんと話し会うのは初めてである。最初のうちは阿寒湖畔に住む共通の知合いの消息などを話題にして、自己紹介めいたやりとりをしていたが、そのうち焼酎の効き目が現れ、私が聞き役に回るのに対して、トキさんはますます元気に話し続けた。

待ち遠しかったこの日を、やっとこうして迎えられてうれしい。農家に比べてつきあいの多い町の人なら、書き手の一人ぐらいすぐ見つけてくれると思い、二、三心当りの知合いに自分の気持を打ち明けて頼んでいたが、これまで誰からも何の音沙汰もなく諦めかけていたところだった。そうトキさんは話した。

そして、どうしてアイヌ語を文字に残そうと思い立ったか、どういう言葉が大事か、書く順序をどうするかなど、いままで一人で抱えていた考えや気持を、次から次へ語り尽さずにはおかないという勢いで話した。

トキさんは赤ん坊の時にアイヌの養母にもらわれ、アイヌ語を使って大きくなった人である。そのような生い立ちの自分をいとおしむ心と養母への思慕とが、アイヌ語の記録を思い立たせた原動力になっている。かつて暮しの中で使われていたアイヌ語を文字に残すことによって、養母も自分も新たに生き返らせたいと願ったのである。いま生きているアイヌの一人として、アイヌ語とともに自分たちの存在も世間に訴え、理解を深めたいという切実な思いが話の端々にこめられていたので、その話し方は、農家のおばあさんが昔語りをして余生を楽しむといった和やかなものではなかった。

日常語としてアイヌ語を使ったのは、養母と暮した十数年にすぎないけれど、その間に身につけたものを土台にして、七十歳ちかい今までを生きることができたと、トキさんは言い切っている。アイヌに対する国の同化政策によって日本語を強いられ、アイヌ語は日常語として使えなくされていったが、自分の心にはいまもその言葉が生きているというアイヌの誇りが、トキさんの口調にこめられていた。

一人暮しのおばあさん

いまの家は、離農する開拓移住者からゆずり受けて移築したもので、二十年になる。広い土間と台所と田の字に区切った四部屋、南と西に縁側をつけ、別棟の便所を渡り廊下で縁側とつないだ、どこにでもある木造平屋の農家である。この間取りと戸障子を立てまわす造りは、北海道の冬に不向きだが、移住してきた人たちは、故郷の村で馴染んだこうした家以外の住居を思いつかなかったのだった。

九人の子供たちが順にいなくなり、数年前から真冬をこの家で暮すのはトキさん一人になった。そのため茶の間は、一人暮しにふさわしく、一日中動かなくてもすむように工夫されており、床まで届くカーテンで細長く仕切った窓のない方が、寝室になっていた。

暖房は、手軽で汚れないポット式の石油ストーブが使われていた。長くくねらせた煙筒は、余熱をできるだけ逃さず風の吹きこみを弱めるためだが、それでもストーブの焔が、煙筒を逆流する強風に煽られて揺らぐことが何度もあった。このストーブは、石炭から石油へのエネルギー転換がいわれた六〇年代に、それまでの石炭や薪ストーブに代ってまたたく間に拡まった。ここの大きな長方形のものは、早くに出回った頑丈な作りである。

ストーブの横には、水の入った四十五リットルのポリ容器が置いてあった。その上に杓がのせてあったので中身が水とわかったが、最初その容器の青い色を見たときは何のために置いてあるのかわからなかった。冬の間は簡易水道の凍結に備えて、いつもこれに水をいっぱいにしておかなければならないのである。

となりの部屋との境に十九インチのカラーテレビがどっしり据えられていた。六四年のオリンピックの年、農協はカラーテレビの売りこみに力を入れ、めぼしい農家を選んで一方的に届けていた。農家では買う気がなくても見れば面白いからつい惹きこまれ、欲しくなって無理をしても買うことになる、というわけである。そうしてテレビを買った話をよそで聞いていたが、トキさんの家のも同じころ農協から買ったものであった。

ストーブと水の容器とテレビが大きく場所をとり、あとは茶簞笥だけの平凡な茶の間だが、長押の神棚に小さなイナウ（幣）がひっそり立てかけてあった。何十年前のものか、柳の木の白さは消え銹色に変っているが、アイヌの家の徴であり守り神である。トキさんは、暮しの形も言葉もすっかり変ったいまでも、そのイナウひとつに、自分を生かしてくれたアイヌの神様をみて力づけられていた。

この家にはイナウのほかに、アイヌに関わるものは何もなかった。トキさんは寝るとき電気敷布と電気毛布を使い、掃除機も冷蔵庫も持っていた。ただ、冷蔵庫は冬の間電気を切り、庫内の温度を外より高く保つための食料収納庫として利用されていた。こうしたいまの時代に必要な商品が一通り揃った暮しだからこそ、イナウに托するトキさんの気持はより深くなるといえる。

私の寝る部屋には火の気がなかった。毛布を顔まで引き上げると吐く息がたちまち凍り、毛布はごわごわの布になった。夜具から少しでも手を出すと痛いほど冷えて身が縮んだ。足先に入れた品川アンカには、真赤に焼いた豆炭が一つ入っていたが、部屋も夜具も冷えているので、それではとても暖まらなかった。せめて体温を逃すまいと、私はやむなく靴下と手袋をつけたまま寝ることにした。

トキさんは、私の部屋の電気が消えるのを確かめたあと茶の間のストーブと電気を消し、自分用の品川アンカをもってカーテンの向うへ入ることにしていた。私がしばらく電気をつけていると、「まだ起きてるのかい」と大きな声をかけた。

トキさんは床に入ると枕元のスタンドをつけ、小さな手帖に必ず一日のメモをつける。スタンドの灯がカーテンと間仕切りのガラス障子を通して、私のところまでぼんやり届く。やがてそれも消え闇が拡がったときが、一日の終りである。

私はこの家で何日か過すからには、トキさんの暮し方を早く覚えなければと思っていたが、着いたその日から、この季節の農家がひどい寒さと雪に取り囲まれ、それをどう防ぐかが毎日の関心事であって、個人の好みで暮す余地などほとんどないことを思い知らされた。

最初の朝、私はトキさんが先に起きたのに気づいてあわてた。乗物に一日揺られたのと前夜の焼酎とで、はじめての家なのにぐっすり眠ってしまったのである。急いで身仕舞をし、茶の間の方へ向きを変えたとたん、トキさんから声がかかった。

「まだ寝てたっていいんだよッ。私が起きたからって急いで起きないだって、もっとゆっくりしてればいいんだ。でも、こういったからって、無理して寝なくても、起きたかったら起きたっていいんだよ」

張りのある大きな声と、こちらの気持を見透したような言葉に、私はびっくりした。しかし、その喋り方はともかく、トキさんは私への心づかいを伝えようとしたのである。

私は時間を見計らってあとから起きる方がよかった。ストーブとテレビをつけたあと、トキさんはカーテンの向うで部屋の暖まるのを待つことにしていたからである。ストーブの上の鉄瓶が白い湯気を立てはじめた時が起きる目安だが、夜のうちに完全に凍った水が沸騰するまでには、かなりの時間がかかった。

トキさんは起きるとすぐ、食料の凍り具合を調べる。野菜など水分のあるものはダンボール箱に入れて茶の間に置き、寝る前に座布団や袢纏などの衣類をかけておくが、それでも凍ることがあるから気をつけなければならない。とくに玉葱は別にして寝室に置き、ひどく凍《し》ばれた朝はひとつひとつ丁寧に調べていた。凍ると使いものにならないからだが、自分の畑で穫れたものへの愛着もあって大切に扱わずにいられなかったのである。玉葱が乾いてしっかりしていることがわかると、手にとるまでの心配そうな表情がパッと明るくなった。

ポリ容器の深い水も、上の方は厚く凍っており、杓を入れたままにしておくと、すぐには取れない。氷がゆるむほど熱湯をかければ水が溢れるし、あまり強く叩くと容器が傷むので、部屋が暖まり氷が薄くなる昼すぎまで待たなければならない。また、飲み残しの水が凍って茶碗の底が抜けたことがあった。杓の方は私、茶碗はトキさんがうっかりしたからで、さいわいこのほかに大きな失敗はなかった。

水道を使うのは一日一回、気温が少しは上がる昼ごろの三十分ほどである。熱湯をたっぷり注いで凍てついた元栓をゆるめると、全開した蛇口から勢いよく水が出る。その間に茶の間のポリ容器に水を運び、溜っていた洗いものをすませ、手早く慎重に元栓を閉める。このとき、蛇口から元栓までの水を完全に落しておかなければならない。蛇口を使っている間も、水の出し方が少ないと凍って水が上ってこない。いずれも水道を壊すことになるので、この三十分ほどは息のつまる思いをした。零下三〇度ぐらいの日には、水道を使うのを止めた。

トキさんは傍につききりで元栓の扱い方を教えてくれたが、水道の故障となると毎日の暮しに響く一大事であり、直すための出費も痛手だから、その口調にはつい力が入り、声高になったりした。蛇口をひねればいつも水が出るようになれば、この辺りの冬の暮しはどんなに楽になるだろう。

着いた翌日の夕食は、二人で台所に立って作った。野菜の皮のむき方、刻む形や大きさ、味つけなど、トキさんは自分の長年の流儀を通し、私の手許を覗きこんではこまごまと注文をした。食べるものには神経を使わずにいられない様子だった。

夕食の支度をする間の台所は活気がある。水を茶の間から運び、プロパンガスの二つのガス台で煮炊きをはじめると、もうもうと上がる湯気が白く煙る。それでも室内の温度は一向に上がらず、流し台もガス台も、跳ねた水滴の凍った粒で光っている。床の敷物は、沈んだ湯気を吸って、たちまち氷の板になり、足許の冷たさが煮物の匂いを暖かく感じさせる。

朝は大体八時前に起き、夜九時から十時の間に寝るまで、一日の手順はほぼ決まっていた。三日目からトキさんはたまに顔を出すだけで、主に私が台所に立ったが、それほど時間はかからなかった。

このほかに外の仕事があった。ドラム罐《かん》から灯油を汲み出すことと、数日おきに物置の室《むろ》へ野菜を取りにいくこと、飼犬のシロに餌をやるのは朝晩二回である。ドラム罐は、母屋から十メートルほど離して戸外に置いてあった。夜のうちに強風で吹溜りができたり猛吹雪があったりした翌日など、頭だけ見えるドラム罐のところまで、汗の出るほど雪かきをしないと近づけなかった。ときには、吹きつけられた雪の重みで戸が開かなかったり、敷居に雪がついて戸が閉まらなかったり、出入りするにも気を緩められなかった。

灯油を汲み出す間は、寒くて体の芯まで冷えた。外気で硬くなったビニールポンプを使って、二十リットルのポリタンク三個に移し入れるのだが、じっと立っていると刺すような痛さが顔のまわりや首筋・手首など防寒着の手薄なところめがけて殺到し、ほんのわずかの時間が気の遠くなるほど長く感じられた。

室は母屋の横の物置に作ってあった。大人二人が立って肩から上が出るくらいの大きさに土間を掘り、その上に豆用の分厚い角型の叺《かます》数枚がかけてあった。掩《おお》いをとると、秋に穫れたじゃがいも、にんじん、大根が並んでいた。残り少ないので、計画的に使わなければならない。野菜を籠に入れて母屋まで雪の中を歩く二、三十歩の間、ほんの少しでも野菜に雪がつくとそこから傷むので、用心しなければならなかった。

シロは薄茶のアイヌ犬で、母屋の裏の犬小屋につながれたままだった。餌は、屑米とじゃがいもを主に青野菜と魚か肉を入れ、数日分まとめて作った。人の食べ残しで間に合わせたり粗末に作ったりするものではないと、トキさんはいつも新しい材料を使い、味つけまでしていた。台所で自然に凍った餌は、朝晩ガスで温めるだけでシロに届けることができた。

犬小屋には雪が吹きこみ、床は分厚くいびつな氷になっていた。シロは首をかしげ、斜めの恰好でようやく居場所を作っていた。母屋の土間か物置にでも入れてやれないものかと思うが、トキさんはいつもこうしてシロと冬を過してきたのである。

シロに晩の餌をやったあとは、口述筆記の時間である。夕食の後片づけもすみ、いつ寝てもよい状態にしてから二時間ほどを当てた。トキさんは自分の決めたこの手順を、最後まで頑として変えなかった。

最初に前置として、トキさんは自分の生い立ちを詳しく心をこめて語った。二人で小さな食卓に向かい合い、やっと新しい仕事が始まるという充ち足りた気分をお互いに確かめると、私はアイヌ語の話を待った。ところが、トキさんは改まった口調で、生い立ちの話をぜひ聞いてもらいたい、そうすればアイヌ語の記録を思い立った自分の気持がわかると思うし、わかった上でアイヌ語の説明も聞いてほしいと言ったのである。

そのいきさつを語ることは、トキさんが、養母とアイヌ語をいかにかけがえのないものに思っているかを吐露することでもあった。

生い立ち

トキさんは十勝に入植した開拓農家の子供であったが、生後一年たらずでアイヌの養子になった。

明治三十九（一九〇六）年、福島県の相馬に近い農村で生まれると間もなく、母に抱かれて渡道した。ほかに三人の異父兄と伯父の六人で長旅を続けたのである。

父は二年前に単身で兄の家族とともに渡道しており、母子をあとから呼び寄せるつもりでいたが、本人でなく兄が案内役に立ったのは、夫婦の間に、トキさんの出生とも絡む込みいった事情があったからだった。

父が開拓農民として北海道へ発った後、母は三人の子供を置いて家を出、同じ村の神社に住込みで働いているうちに、神主との間に生まれたのがトキさんである。

「よそで生まれた私も連れてきていいっていうから、母親は北海道へ行く気になったんだろうさ……。開拓には女がいた方がいいから、母親なら便利だと思って向うは呼んだんだと思うよ」

母は最初、北海道へ移住することに気が進まず、夫が出かけた後、残された家族の面倒をみるためにやむなく神社で働いていたのだった。この夫婦はおたがいに諒解した上で別居していた。

夫は、自分が北海道へ行った留守に子供が生まれるとは考えもしなかった。「良婦二夫にまみえず」などと言われていた明治のころの農村で、三人の子供まである農家の嫁が私生児を産めば、周りから犯罪者と同じ扱いを受けかねない。ちょうどそれに合わせたように夫からの迎えがあったのを幸い、村人の目を逃れるためにも、母は生後間もない乳呑児をつれて北海道へ向かった。はじめは遠い知らない土地での生活に乗気でなかった母が、長い日数をかけて十勝まで行く気になったのは、そこでは人目を気にせず自分の手でトキさんを育てられると思ったからにちがいない。

そのころ農民の多くは貧しかった。兄弟がそろって北海道へ移住したこの家は、よほど生活に追いつめられていたにちがいなく、村に何がしかの手がかりでもあれば、住み馴れた故郷を捨て四人もの幼児を連れて、遠い土地に移り住もうとはしなかったはずである。

トキさんは時々思いつめたように、自分のことを真面目な顔で「悲劇の子」と言う。家族の祝福を受けて生まれたわけでなく、その後は長い道中を苦労しながらようやく入植地にたどり着き、やがて親に見捨てられるところまでを指しているのである。

「今と違って昔のことだもの、十勝へ着くまでに何日かかったかって言われても、さあ、一月かもっとでないの。はじめ函館へ行ってそれから先はどうやって来たものだか、聞いてないからわからないねえ」

明治に入ると、政府は北海道移民を大いに奨励し、明治十九（一八八六）年に道庁が出来てからは移住者の数が急激に増えている。その前後十五年間を見ると、明治十五（一八八二）年の五千人が同三十（一八九七）年には六万四千人と、十倍以上である。明治の新政府は、全道の開拓を急いで積極的に移民を募集し、数々の恩典を与えた。その一つ、定住して土地を拓けばその分は私有できるという条件は、土地のない農民には大きな魅力であった。

移住者たちは船で函館、小樽、大津の各港へ着き、そこからさらに舟や馬や徒歩で、それぞれの入植地に向かった。早くから開けた道南地方に比べると、道東の内陸部は交通の便も道も悪く、移住者たちは北海道へ着いてから先の道中に苦労しなければならなかった。

トキさんたち一行は函館に何日か滞在したというが、その先はわからない。おそらく、さらに舟で大津港まで行き、利別川へ通じる水路を遡って十勝の入植地に着いたと考えるのが、当時としてはふつうの経路である。襟裳岬と釧路との海岸線の中ほどにある大津港は、十勝の内陸部へ入る移住者たちで賑わった港である。

村を出て目的地へ着くまでに、一か月かもっとかかったとトキさんが言うのは誇張ではない。あっちで休みこっちで迷い、馬や川舟に揺られたり歩いているうちに病気で倒れる人もあり、道中の困難はいまでは想像もつかないほど大きかった。生後数か月のトキさんがそれに耐えた生命力の強さには驚くが、母親の苦労も並大抵ではなかっただろう。

ところが、待っていた一家の暮しは予想もしないひどいもので、大人も子供も動ける者が総出で開墾しなければ、食べるものも間に合わない毎日だった。着いたばかりの母親も、男たちと同じように朝から晩まで外の荒仕事に追われ、家の事も子供の面倒も見るひまがなく、五歳にもならない末の男の子にトキさんの守りを委《まか》せきりにするほかなかった。

冬の早い北海道では、大量の薪つくりの仕事に急かされる。冷えこみが強く氷が張るようになれば、もう作物を得る見込みはなく、手許にあるだけの乏しい食料で一家が長い冬を生きのびなければならない。大人が飢え死にするかもしれない先行きの不安をつのらせていたある日、守りをしていた男の子はトキさんを川へ放り投げた。川には薄く氷が張っていた。そこに落されたら赤ん坊は確実に死んでしまったはずだが、幼い子の力では川面まで届かず、密生した川柳の灌木林に落ちて命拾いをした。ところが、そこは刈ったばかりで鋭い切り口が並び、その一つが赤ん坊の頭の後ろに突き刺さった。

その時の傷あとが残っているといって、トキさんは髪の毛を分けて見せた。

「赤ん坊の一人くらい何とでもなると思って連れてきたところが、どうもこうもならなくなって親が私を捨てたんだ。広い畑がもらえるから子供が何人いたって楽に食べていけると、簡単に考えていたんだろうさ」

異父兄に当る守りの男の子に対しては同情的で、恨んでいない。

「まだ学校にも上らない遊びたいさかりの子だもの、這うこともできない赤ん坊の守りを一日中おっつけられていやになったんだろ、無理もないさね。守りしない、投げるってだはんした(だだをこねる)のを、親はその子が言う通りにするのを知ってて黙っていたんだ」

悪いのは母親であり、結果的には自分の産んだ子が死ぬことを望んだひどい母親だと、いまだにトキさんは責めている。

その噂を聞いて駆けつけたアイヌの婦人が、養母である。いくら小さくても、生きて魂のある人間を捨てるなどとんでもないといって引取り、自分の子と同じように手を尽して育てた。開拓移住者の中にはそのような余裕や気持のある人がいなかったわけで、トキさんはアイヌの養母に救われたのだった。トキさんはこの時を、自分の人生の出発点にしている。

「でも、ちゃんと話をつけてばあちゃん(養母)の子になったんだよ。猫や犬の仔とはわけが違うんだから、両方から人を立てて正式にもらわれたんだ」

養母の縁者二人と実母の義理の兄と近所の人、それぞれ二人ずつが立合った上で養子縁組をしたのである。

その時の証人たちの名前と、今どこに住み何をしているのかを、詳しすぎるぐらいにトキさんは話した。自分が生きていることの大切な証しとしてどうしても言っておきたかったのである。同じようにアイヌの母に育てられた日本人の子供たち（開拓移民が始まるとともに各地にかなりいたようだ）の中には、生まれも親もまったくわからないという例がある。

自分がそうではないことをトキさんははっきりさせておきたかったのだ。形のある証拠は何もなくても、こうして話す言葉の中に事実があると主張しているようであった。私はその話を聞きながら、文字のないアイヌ語で育った人には、「話すこと」が記録と同じ重さをもっているのだろうと考えていた。

アイヌの女たちの間では、子供をもらって育てることがごく自然に受け入れられ、風習のようになっていた。数戸、ときには一戸でもコタン（部落）であったというから、わずかの人数の暮しでは子供も対等の仲間であり、いずれはコタンを支える働き手として、みんなで分け隔てなく育てるのが当り前のことであった。

そうした自然な気持で、養母はトキさんを引き取り育てたのである。頭の傷は、日露戦争で軍医だった移住者に頼んで手当てをしてもらった。高価だった練りミルク（粉ミルクは売っていなかった）も買って与えた。

冬の内職にたかじょう（地下足袋）の刺子をして「一足なんぼというお金をためて、わたしのミルク代をこしらえたんだよ」。夏には農家の出面《でめん》とり（日雇い）をして必要な現金を稼ぎ、それをみなトキさんのために注ぎこんだ。

寒い間は肌でじかに温めた。立膝をして赤ん坊をもたれさせ、ふんわりとモウルを着て刺子をしていると、中に赤ん坊がいるとは誰も気づかなかった。モウルはワンピース型のアイヌの女性の常着または肌着で、足首までの長さがある。女は脚を人に見せるものではないといわれており、養母は常にトキさんを戒めていた。

ひ弱でモウルにかくれるほど小さかった赤ん坊は、新しい母の愛情に包まれて元気になった。遠巻きに見ていた移住者たちは、とても育ちそうになかった子が無事なのを知って胸をなでおろした。

そのころ、多くの移住者は食べるのがやっとで、養母たちアイヌの力を借りなければ生きられなかった。

明治二十年ごろ十勝平野の南部に入植した農家が、一円前後で自分の子をアイヌに買ってもらったという記録がある。トキさんが養子になったのはそれから二十年ちかく後であるが、金のことはともかく、親に見離された子供たちがアイヌの手で救われるという例は、開拓のはじめからまだ続いており、それほど稀ではなかった。

養母はアイヌの言葉やしきたりを守り、移住者とは距離をおいて暮していた。内職や農家の出面《でめん》とりをしたのは現金を得るためのやむをえない手段であって、彼らとの関わりを望んだのではなかった。国が割当てた土地（アイヌ給与地）を畑にすれば自分のものになるといわれても、農民ではない養母に土地私有の意識は薄く、農業そのものに馴染むことができなかったのである。

山野に自生する草木や動物、魚などを採って衣食住をまかなっていたアイヌ古来の暮しを、短い間に強制されて変えられるものではない。自然物採取に馴れた養母は、収穫までの長い時間を待ち続けなければならない農民にはなれなかったし、なろうとしなかった。後から来て自分たちの暮しを侵す移住者たちを、心の底では許していなかったのである。

トキさんは養母が畑仕事をするのを見たことがない。山や野や川で働く姿の記憶はあっても、畑の姿は覚えていない。文字どおり肌身離さずどこへ行くにも自分を連れ歩いてくれた人は、農民ではなくアイヌの母であった。

ある時、葭を刈る母を川岸に坐って見ていた。「まだ歩けなかったから、姿が見えないと置いていかれたかと思って、ハポー（おかあさん）、ハポーッって泣いたんだよ」

かぞえで五歳のころ、魚とりのチプ（丸木舟）に乗せられたことを覚えている。「ヤス」というアイヌの漁法で、木の皮で編んだ網を二艘の舳に渡し、八の字型に舟を進めて魚を追いこむ方法である。養母は舟べりを叩いて拍子をとりながら、よく透る声でヤイサマ（またはヤイサマネナ。自分の思いを歌うという意の即興歌）を切々と歌った。

同じころ、病人の看護のために珍しく家に残されたことがあった。養母の実子で十八歳の長男が、床についたきり身動きできない状態だったのである。水を飲ませるだけの役目であったが、山仕事に行った養母たちが帰るまで辛抱づよく、病人の傍についていた。「水くれ」と言われると「エー（はい）」と言って、カッコム（白樺の皮で四角に作った杓）で水を飲ませてやった。

「喉が渇くといって、何度も私が運んだ水をうまそうに飲んだんだ。それを覚えているだけで、あとのことは何も思い出せないよ。何日かして死んだんだから、身内が寄って何かあったはずだけどね」

足腰がしっかりして走り回れるようになると、義理の兄姉たちと一緒に山仕事に連れて行かれた。養母は子供たちの先頭に立って大声をかけながら、だれよりも大きな薪の山を作り、休みなく働いた。疲れて腰を下ろす子がいると、養母は小さなトキさんでも容赦なく叱った。

「タラ　エ　エサエ　ヤー（おまえ、背負い縄持ったか）」

「エー（はい）」

「ニーシケ　エ　カレ　ヤー（薪の荷を作ったか）」

「ナーモ（まだだ）」

「エンコダ　クッ　コール（早く帯を締めなさい）」

母と子供たちは山にひびきわたるような声を交わし合って一日いっぱい薪を集め、めいめいが背中に背負って山を下った。

食べることは大きな楽しみだった。働いたあとは何を食べてもおいしく、たまに珍しいものでもあると、それを味わったことが楽しい出来事として、いつまでも話題になった。

その一つは米である。北海道ではまだわずかしか作れず、ほとんどを道外から運んでいたころだから、米はなかなか手に入らない貴重なものだった。それを養母は出面賃の代りにもらってくることが時々あって、他の子のいないときにトキさんにだけ食べさせてくれた。赤ん坊のころは、ミルクが切れると重湯にして飲ませてくれたのである。

「私らだって、子供のころ米の御飯を食べたことがあるんだよ」

私が何も言っていないのに、トキさんは口を尖らせて言った。鹿の肉やウバユリ団子ばかり食べていたわけではないというのである。いまだにアイヌの暮しに対する偏見が強く、何を主食にしているのか知りたがる旅行者が多いので、ついそのような口ぶりが出るのだった。

たくさんの旅行者が、アイヌは何を食べどんなものを着ているのか、本当の家は山奥にあるのか、赤ん坊にはオシメを使うのかなどと、土産物屋の店先でアイヌの若者に聞いているのを、私も何回となく見てきた。

トキさんは十八尾もの鮭がとれた何十年も前の日のことを、いまでもはっきり覚えている。大人も子供もみんな集まり、豊漁の興奮に夜おそくまで沸きたっていた。食べたいだけ食べて保存する分もたっぷりあるこんなにたくさんの魚を、あとにも先にも見たことはなかった。売るためではなく自分たち仲間で食べる量としては、十八尾は大漁だったのである。その日はじめて食べた、とれたての筋子の味は忘れられないと、トキさんは目を輝かせて話した。

「茹でた熱いじゃがいもにまぶして食べるのがいちばんだ。こんなおいしいものがあったのかと思ったよ」

食物と燃料に追われる暮しだったが、いつも母親が近くにいて、親子の気持は通じ合っていた。あり余る物はなくても、捨てられかけた子を引き取らずにはいられない心と、育て上げる力とをもった養母の下で、毎日が充ち足りていたのである。

外仕事ができるようになると、トキさんはどの子供よりも厳しく躾けられた。

「小さくてもよく気がつく子だったから、ばあちゃんは私に目をかけていたんだ。働いている時はすごい叱り方したけど、そのほかはいろんなことを噛んで含めるように教えてくれたんだ。自分の知っていることはみんな覚えさせようとして、私にわかるように食べ方でも仕事のことでも、アイヌのことは何だって話してくれたんだよ」

養母は自分の手で大きくしたシャモの子の利発さを見抜いて、一人前のアイヌに育てようとし、子供もそれに応えたのだった。

鹿皮のケリ

晩年の養母は、写真で見るとゆたかな白髪を真中で分けて肩まで垂らし、唇の回りにみごとな入墨をした老媼である。面長で骨太のいかつい顔と意志的な眼は、長い苦難の時代をアイヌとして生き抜いた誇りと、すでに性別を超越した人の風格を表している。幕末から現代の高度経済成長期までほぼ一世紀を生き、昭和四十一（一九六六）年に亡くなった。戸籍では明治三（一八七〇）年生まれの九十六歳となっているが、実際の年齢はもっと多いということである。

「明治より前に生まれたのは絶対間違いないんだから、百は超えていたはずだよ。よその年寄りたちに聞いてみても、昔は大抵五、六年若く戸籍についてるっていうから、ばあちゃんだってそうだと思うよ。ことによったら十年くらいずれてたんでないの」

身内はみなそう言っていると、孫にあたる文子さんが話していた。

トキさんの出生も三年おくれて届けられ、実際は明治三十九年だが、戸籍では同四十二年になっている。同じような例はどの地方にもあり、明治生まれの人で戸籍と実際の生年が違うという話は珍しくないが、トキさんは気にしている。

戸籍調べは、戸籍法が公布された明治四年から始まり、北海道全体の住民を調べ終るのに五、六年かかっている。土地が広いうえにアイヌの人たちの抵抗もあって、思うように調べが捗らなかった。そうした条件で作られた戸籍に間違いがあるのは当然で、身近な人たちのいう方が確かだろう。

ここでは仮に五年遡り、養母は慶応元（一八六五）年に生まれたことにしておこう。すると一〇一年生きたことになる。目まぐるしく世の中が近代化していくこの期間は、養母にとってアイヌの暮しが根こそぎ崩されていく過程でもあった。大波をまともにかぶるというはっきりした形ではなく、目には見えないが確実に暮しの土台が侵されていくという、より深刻な変り方である。養母がトキさんに話した昔の出来事のなかには、そうしてコタンが大きく変えられていく節目になったと思われる事件が二、三あった。

ひとつは、子供のころ、コタンへはじめて日本人が来た時の騒ぎである。女や子供はどんな目に遭わされるかわからないというので山の方へ逃げ、彼らが出て行くまでじっと隠れていた。ただ恐しいばかりで、わけもわからず怯えていたその時の気持と、大人たちのあわただしい動きが、養母の心からいつまでも消えなかった。

それは最初の戸籍調べで、大津から役人が来たのだが、戸籍とは無縁に生きていた人たちにはその意味がわからなかった。

「喋る言葉だって違うし、字だって読めないんだから、みんな気味悪かったんだべさ。本当のこと教えたら危いと思って、調べにきた人にはウソをいっておいたんだっていうよ。いまの私なら戸籍が大事なことわかるけど、ばあちゃんの子供のころはどういうものだかわからなかったんだねえ。ちゃんとしておけばよかったのに」

トキさんは昔の話をしていても、つい自分の戸籍にこだわってしまう。あとから自分では訂正できない出生届を、親はどうして正確に出してくれなかったのだろうと歯がゆく思っているのである。自分の戸籍が要るたびに、人には知られたくない、話してもわかってもらえない不幸せを背負って生まれたと感じるからだ。

以前私は、出稼ぎの若い女性が、出生届を親の愛情の問題として真剣に話すのを聞き、驚いたことがある。近所に十五歳まで無籍に気づかなかった少年がいるという話から、その親は、子供の幸せを考えないひどい親だ、自分たち姉弟は愛情深い親のおかげで、ちゃんと戸籍に入っていると、彼女は話したのだった。

この話から、戸籍に無関心な人や、単なる手続きと割切れない人たちが最近までいたことがわかる。当時十八歳のこの女性は、両親が戦後樺太《サハリン》から北海道へ引揚げて間もなく生まれた。話の少年は、戦後のどさくさの中を転々と働き通したアイヌの母親に育てられた。どちらも、その日暮しに精いっぱいの人たちで、戸籍そのものより、役所へ行くこと自体が気の重い毎日を過していたのである。

少年の戸籍は、役所に届けてすぐに出来た。もちろん愛情の問題などではなく、母親が出生届を出しそびれているうちに時間がたっただけのことだった。トキさんの場合も、事情は似ていただろう。

明治のはじめの戸籍調べは、何もわからない子供に衝撃を与えた。かぞえで七つになっていた養母は、そのときの不安を、日本人に対する不信と憎しみに換えて終生持ちつづけた。自分からシャモ語（トキさんはこう言う）を使おうとしなかったのは、その表れである。

養母の年齢は、やはり、さきに仮定した一八六五年生まれとした方が事実に近い。もし戸籍どおりなら、戸籍調べは生まれた翌年の出来事（戸籍法の出来た明治四年に行われたものとして）になり、その騒ぎを覚えているはずがない。

養母は、はじめて自動車の音を聞いた時の驚きをトキさんに話している。若いころ兄と一緒に遠出をした時、帯広の辺りでそれまでに聞いたことのない異質な音を感じ、正体がわからなくて恐しかったというのである。日ごろ鍛えた耳には、自然界にない地鳴りのようなエンジンの響きが、危険を伴う異様な音ときとれたのだった。明治の半ばごろ、深い森林に覆われていた十勝平野の全容が知られるようになったのは、明治の半ばごろ、自動車が入ったのはそれより後と考えられる。養母は三十をすぎていたわけで、そのときはじめてエンジンの音を通して「近代」に触れたことになる。

帯広までは舟で行ったのだろうかと訊くと、トキさんはぶっきらぼうに答えた。

「トスベツ（利別川）を下れば、帯広でなく大津の海の方へ行ってしまうべや。方角がちがうよ。兄さんと、馬にでも乗って行ったんでないの」

こうして外の動きがぼつぼつ伝わるようになったが、このころはまだ曲りなりにも、コタン独自の暮しを続けることができていた。

もうひとつの節目は土地問題である。明治三十二（一八九九）年、「北海道旧土人保護法」*が制定され、開墾することを条件に、一万五千坪の土地がアイヌの各戸に割当てられた。コタンを捨ててその土地へ移住するよう強制されたわけである。養母たちは、住み馴れたコタンから真西へ約三キロ、利別川西岸の給与地へ移らなければならなかった。

「昔のほんとうのコタンはキロロにあったんだよ。ばあちゃんはチェトナイに土地をもらって移って来たんだ。そうして自分の畑を持ってから私をもらったんだ」

給与地の制度は、アイヌにとって生活を一変させる深刻な問題だった。トキさんが引取られたころ、養母たちの生活はまだ混沌としていた。この制度（以下「保護法」と略）が制定された年に給与地へ移ったとすれば七年目だが、実際はもっと短いはずだ。というのは、土地割当ての煩雑な事務やアイヌの抵抗などを考えれば、給与地への移動がそう簡単に行われたとは思えないからである。おそらく四、五年しかたっておらず、養母は同じコタンから移った他の家族と助け合いながら、それまでどおりの暮し方を続けており、また、そうする以外に生きる手段はなかったと考えられる。トキさんはそうした過渡期にあった養母に引取られ、まだ残されていたアイヌの習慣や伝統によって育てられた。

逆にいえば、養母にはアイヌの生き方を続けるだけの余地が少しは残されており、それを拠りどころにしてトキさんを養子にすることができたといえる。自然にある食物を見つける知恵や、きびしい冬を生きぬく力では、子供を捨てなければならなかった移住者よりはるかにすぐれ、自然とのバランスをとりながら必要なだけの収穫を得ることができていたのである。

しかしその状態は急速に崩されていった。増え続ける移住者の数に押され、自由に動ける範囲は狭められていった。渡道した農民にも条件づきで土地の払下げが行われていたので、アイヌが生きるのに必要な広い自然が、そのために奪われていったのである。

土地をめぐる対立や摩擦は当然増えてきた。「保護法」はそうした状況に迫られて政府が作らざるを得なかったもので、先住のアイヌの暮しを守るためというより、むしろ、続々と増える移住者に規定どおりの土地を与え、境界線をはっきりさせる必要から作られた法律だった。主眼は、北海道の開発を急速に進めることであり、そのために必要な大量の移住者を募る手段として「土地」という恩典をつきつけた。そうして集まった移住者の利益を、「アイヌ保護」を名目にしたこの法律によって守ったといえる。

昔ながらのアイヌの生き方を貫くのは、次第にむずかしくなっていった。養母は子供にも夫にもかなり手厳しく当り、トキさんを引取ってから数年後に夫婦別れをしたが、それは気性の激しさというより、自分たちの暮しが足許から崩されていく危機感と焦りによるものではなかったかと思われる。

トキさんが物心ついたころには、養母が一人で暮しを切り回し、夫はほとんど家にいなかった。たまに帰ってくると酔っていて、そのたびに養母は激しく怒り、夫は一言もなくまた家を出て行くということが繰返されていた。

ある晩おそく、しばらくぶりに帰ってきた夫を、養母はありったけの言葉を浴びせて追い出し、それきり夫は姿を見せなくなった。トキさんは、そのときほどすさまじい養母の怒り方を見たことがなかった。大声にびっくりして目を覚ますと養母の恐しい顔が見えたので、そっと床下へもぐって一晩中震えていた。

養母の夫は、トキさんを可愛がり、よく負ぶっては酒を飲みに行った。酒で体を悪くしており、夫婦別れのあと何年かして亡くなった。「肋膜だか腹膜だかで死んだって聞いたよ」。働かないで酒ばかり飲んでいたが、子供の好きな気のよい人だった。夫のやさしさは酒をやめられない気の弱さでもあったのだろうが、アイヌの、とくに男たちの置かれた現実が、酒を飲まずにいられないほど希望のないものであったことは確かである。

給与地は十五年以内に畑地にすることを義務づけられており、期限をきられたこともアイヌの暮しを追いつめた。

養母にしてみれば、土地の期限が迫ってくるのに畑仕事もせず酒びたりになっている夫は、邪魔者でしかなかった。夫と別れたのは明治の末ごろだろう。給与地の十五年目の期限は大正三（一九一四）年のはずだから、わずか二年先に迫っている。少し遅れるとしても、数年以内には土地の開墾を終っていなければならない。このころの養母は、何人もの子供たちを食べさせるだけでも精いっぱいのところへ畑の問題も加わり、一日一日を平静に生きることなどとてもできなかった。

ちょうど明治から大正への変り目にあたっているが、そうした時代の流れや元号の変化などとは無縁の〝時間〟が支配するコタンに生きてきた養母にとって、自分たちの暮しが人為的に区切られていく事態は、天災よりももっと理不尽な解せないものだった。

その後は矢継早に国民の義務が押しつけられてくる。四民平等を謳った戸籍法によって戸籍に登録された以上、実情がどうであろうと、アイヌもまた日本国民としての義務は負わなければならないというわけである。そこに、トキさんの義務教育の問題が起った。

それは後で書くことにして、養母の何人かの身内のことを見てみたい。

コタンには、一族のうち最も年のいった女性を巫女として敬う風習があった。神と人間との間に立って、身内の悩み事や相談に託宣を与え将来を予言する役割をもち、人格、経験、風貌ともにすぐれた存在として一族から畏敬される宗教上の象徴である。

養母の一族は夫の大伯母がその立場にあり、「どれだけ長く生きたかわからないほど年のいった、真白の髪を長くした」おばあさんで、トキさんは引取られるとすぐそこへ連れて行かれ、一族の見守る中で託宣を受けた。

四十二歳の養母に抱えられた小さな赤ん坊をじっと見て、老媼は、おごそかにやさしく言った。

「この子は人類（人種の意。トキさんの表現）がちがうけれど、お前たちに、幸せをもたらす（アスルアス）、きっと名を残す人間になるにちがいないから、みんなで大事に育てなさい（オヤプサン　ネコロカイ）」

養母も夫も身内の誰もが、祝福を受けたトキさんを特別に扱ってくれた。そのうえ、この託宣のあと間もなく老媼は亡くなったので、その言葉が一族の心に遺言として刻まれたことも大きな力になった。

「私は神様の授かり子だって言われたんだよ。だからばあちゃんは、アイヌの精神で徹底して育ててくれたんだ。言葉だって何だって、自分の知っていることは、みんな私に覚えさせようとしたんだ」

トキさんは「託宣」を神様のお告げ、巫女のことは、八掛をみるおばあさん、拝む人、お大師さんなど、適当な言い方が思いつかないのか、いろいろな言葉を使って説明した。

世の中がどんどん変わり、養母の一族はその後巫女の役割を継ぐ人を持たなかった。が、この話から約三十年たった昭和のはじめごろ、同じような託宣を受けたという人の話を、私は最近聞いた。

その人は娘のころ、「拝む人」をしていた遠縁のおばあさんに悩みを聞いてもらった。アイヌの農家に生まれた彼女は、畑仕事になくてはならない働き手になっていたが、何もかも捨てて恋人と世帯をもちたいという気持が日に日に強くなり、思い余って相談に行った。

白い着物を着て白髪を肩まで垂らしたおばあさんは、娘が頭を下げずにはいられないような威厳と慈愛に満ちた面持で訴えを聞き、熱心に祈った。そして、急に表情を柔げると娘の両手をとり、娘の膝が濡れるほどの大粒の涙を流しながら、しみじみと力強く励ましてくれた。

「身内の不幸やよくないことをみな一身に背負うように生まれついているけれど、いずれはそれを幸せに変える力があんたにはあるのだから、いまは我慢して運の開ける時を待ちなさい」

この言葉に励まされて娘時代の苦境に耐えることができたと、その人は話していた。

訴えの中身はちがうが、「拝む人」の風貌も、いずれ幸せになると力づける託宣の授け方も、トキさんの場合とそっくりである。アイヌの〝同化〟がより進んだこのころでも、かつてコタンの人たちが心の支えにしたのと同じような重さで、託宣を感じとる人はいたのである。

トキさんは、養母の弟を兄のように思って、なついていた。小学校へ通うようになったある日、吹雪で帰れなくなって困っていたところへその人が迎えに来てくれた時のうれしさは、いまも忘れられない。

「兄さんは自分の濡れるのもかまわずカイト（外套）を脱いで、私の頭からすっぽりかぶせて連れて帰ってくれたんだ。ほんとうの妹のように大事にしてくれたんだよ」

おなじころ、学校の帰り道で犬に追いかけられ、夢中で逃げるうちにケリ（冬の履物）の片方を失くしたことがあった。馬の皮で作った一足しかないケリだったのに、振り向いた時はもう犬がくわえて走っていってしまった。

片方は素足のまま暗い気持で雪道を歩いていると、偶然向うから親戚のおばさんが来て、トキさんを自分の家へ連れていってくれた。そして炉にあたらせた上、鹿皮で作ったケリまでくれたのである。

それは願ってもない贈り物だった。馬皮も丈夫でいいが、厳寒期になると皮が強張ってあまり暖かくないから、しなやかで快い鹿皮のケリを一度はいてみたいとかねて憧れていたのである。このときほど心が満たされたことはなかった。おじさんもおばさんも養母の身内は、みな親切にしてくれた。巫女のおばあさんはトキさんに祝福を与えることを通して、お互いが仲よく暮すよう、一族に人間（アイヌ）の心を教えたのだった。

養母の身内は、きびしい自然と数を増す移住者と両方からの圧迫を受けながら、暖い心を失わなかった。トキさんは身内と変りなく、その人たちに守られて大きくなり、養母のほんとうの子供だとずっと信じていたのである。

（編集部注　この法律は平成九年「アイヌ文化の振興並びにアイヌの伝統等に関する知識の普及及び啓発に関する法律」の施行に伴い廃止された。）

畑仕事に馴れる

トキさんは小学校に馴染めなかった。幼いころから体を動かして働くのが身についていて、教室にじっと坐っていると落着けないからでもあったが、アイヌというだけで苛められたからである。

入学した日から、帰り道で待ち伏せされ、男の子に寄ってたかって小突きまわされた。いつも決まった顔ぶれの少年たちが物蔭に隠れていて、トキさんの前に飛び出し「こらッ、アイヌ！」と言うなり、気のすむまで髪を引っぱったり叩いたりする。小柄なトキさんは怯えながら、ただ耐えているよりしようがなかった。

こちらが何もしないのに、アイヌであるというだけで何故こんな目に遭わされるのか、トキさんにはわからなかった。通る道をいつもと変えてみても、いくら早く走ってみても、最初から狙っている少年たちは決して見逃さない。トキさんはもの覚えがよく好奇心の強い少女だったから、学校が珍しくて楽しみにしていたのだが、早々から苛められて登校する気を挫かれてしまった。

その年ごろの旺盛な知識欲を充たしてくれるはずの学校へ行けなかったことを、トキさんはいまだに残念に思っている。

ただし、アイヌの児童に対する当時の義務教育は、何をどう教えるかがはっきりせず、その生活の実情や地域差をほとんど考えに入れずに、天皇に忠誠を尽す日本国民をつくることを目的に行われていた。

この皇民化の指針は明治三十二（一八九九）年の「保護法」に示されているが、現場の方針となると六年から九年の間隔で変えられており、昭和六（一九三一）年の四度目の手直しを最後に敗戦まで、アイヌの義務教育は、手直しするほどにも顧みられないまま放置されていた。「保護法」制定後の四回の手直しは、次のとおりである。

最初は制定後九年目の明治四十一（一九〇八）年に行われ、アイヌ児童だけの別学級を作って発足した分離教育を止めて、混合学級にした。

中央で決められた「小学校及小学校令施行規則」を適用し、尋常小学校の授業内容と同じものを、日本人と区別せず一緒に教えることになった。ただし、この時期には「アイヌ児童の生活状態の違いに注意すること」と、わざわざ断っているのは、それまでのやり方が実情とよほどかけ離れたものであったことを文部省も認めたのである。しかし、これも現場にふさわしくなかったのか、八年間しか続いていない。

二度目の手直し（三期目）は、大正五（一九一六）年に行われ、トキさんはこの年に入学した。この時期は初期の状態に戻し、再びアイヌ児童だけの別学級を設けた。そして、入学は一年遅らせて満七歳からでもよいとか、希望があれば修業年限四年のところを五年に延ばしてもよいとか、それまでになく細かい指示が出された。

この程度でも例外を認めたのは、規則とアイヌの実情とがいよいよ大きく開き、同時に、アイヌ内部の生活状態に差が出はじめてきたことを物語っている。この時期は六年で終った。

三度目の手直しは大正十一（一九二二）年に行われた。

この時期にはまたもや分離教育を止め、混合教育を復活させた。「保護法」に基づいて建てられたアイヌ児童のための学校はこのころから次第に廃止され、校舎も授業も例外を許されなくなった。大正デモクラシーの影響を受けた教師たちの間で、アイヌの子供だからといって特例や別学級を設けるのは人道主義に反する、差別教育だという声が上ったことも、この変更を促す力のひとつになった。が、教育の場で同じ条件を与えるといっても、現実に差別され生活の基盤を奪われた状態では学校へ行くことすらできない。その差はどうなるのだろうか。

この混合教育は、その後部分的に訂正されたが、大筋は敗戦後のいまも変らない。三回の手直しによる四つの時期を、最初から順に並べると、分離教育九年、混合教育八年、分離教育六年、そして「平等な」混合教育の時期に入る。

その後四度目の手直しが一九三一（昭和六）年に行われたが、これは部分的なもので、この年に始めた十五年戦争を続けるのに必要な国策のひとつとして採られたものである。従来の「旧土人特別教育制度」を止めて「旧土人奨学資金給与規程」を作り、成績優秀なアイヌの子供には学資を出すことにした。

ここへきてアイヌの教育問題はもう顧みられなくなった。それまでは後手に回りながらも現場の状態が少しは反映され、特別学級を作るかどうか、生活の実情によってはアイヌ児童に例外を認めるなど、教育についての意見が交わされていたが、その余地も全くなくなってしまった。政府は十五年戦争を始めるとすぐ、こうした恩典を出し、アイヌの子供たちが戦時下に必要な人間になることを奨励したのである。

「保護法」が出来てから三十年余りの間に、義務教育の大きな変化だけでもこれだけあり、細かくみればひとつひとつの学校がみなちがっていた。授業は読み書きよりも実技を多くしていたが、その比率や中身はたえず変り、修業年限も二年から六年の幅があった。また、地域や児童の数によっても、教師の熱意や能力の程度によってもちがい、教育の現場も、それ以上にアイヌの子供も親も、過渡期の不安定な状態におかれていた。

これでは、たとえトキさんが学校を続けることができたとしても、自分の生活実感でとらえられる面白い授業を受けることはできず、途中で興味をなくしたかもしれない。

トキさんは入学したものの次第に足が遠のき、四年終了（当時）のところ二年も通わないまま、小学校へは行かなくなった。これは養母が望んだことでもあった。文字のないアイヌ語の世界で自分を形づくった養母には、読み書きや学校の必要はなかったし、意識にも上らないことだった。戸籍に従って入学通知が届いたので「教育の義務」を拒否できずにトキさんを学校へ行かせたけれど、ほんとうはどこへも行かせず、自分と一緒に働いてほしかったのである。

養母が学校を嫌った理由のひとつは、そこで日本語を教えることである。トキさんが養母と話すときは、必ずアイヌ語でなければならなかった。小学校ではじめて日本語を習った時のこと、トキさんは早く養母に知らせようと、家へ帰るなり一気に話しかけたところ、養母は途端に恐い顔をして一言も口をきかなかった。

「私がアイヌ語を話していればニコニコして、ばあちゃんは何だって教えてくれるんだ。でもシャモ語を話すと機嫌が悪くなって、何も言わないんだ。意味はわかっていたと思うけど、自分からはアイヌ語のほかは、絶対喋らなかったんだよ」

小学校では、アイヌ語を無視して一切使わせなかった。養母はそんなところへ子供たちを行かせず、手許において立派なアイヌに育てたかったのである。

実子を含め十人余りの子供たちのうち、養母が義務教育を受けさせたのはいちばん下のトキさんの場合だけで、それも正味の通学日数は、畑仕事のない冬の間の数えるほどわずかなものだった。学校のころのトキさんの思い出が、雪の日のケリやカイトにまつわるほんのささやかなものでしかないのをみても、そのことがわかる。

その程度でも、養母としては精いっぱい「学校」と妥協したつもりであった。国民の義務を押しつける役人に対して、養母は幼いころ戸籍調べに来た日本人に感じたのと同じ不信を抱いていたが、それからほぼ半世紀の間に移住者の社会が、自分たちアイヌの力では対抗しようもなく大きくなったことを認めざるを得なかった。戸籍につづき「保護法」では、コタンを捨てて給与地へ移動し、馴れない畑仕事をしなければ食べていけない状態に追いやられた。その土地も、合法的にアイヌからだまし取ろうとする狡い移住者たちに狙われ、酔っている間に判を捺させられた書類がもとで、いつの間にか自分の土地が人手に渡っていたという話を数えきれないくらい耳にし、養母は日本人に対する警戒心をますます強くした。

たしかに移住者たちはいままで知らなかった珍しいものを持ち込み、養母は彼らから畑仕事を習ったり刺子の腕を活かして賃金を得るという新しい経験をもつこともできたが、そのために失ったものも大きく、取り返しのつかない思いを消すことはできなかった。

そんなときにトキさんを授かったことは、辛うじて得た救いであり、養母は、自分の受継いできたものはすべてこの子に伝えられると楽しみにして育てた。

トキさんはその期待に応えるだけの利発な子で聞きわけがよく、少し大きくなると、言葉でも仕事でもどんどん吸収して養母を喜ばせた。子供のうちでいちばん小さく、実子ではないのにどの子よりも敏感に親の心のわかる女の子は、学校へ行くころになると畑でも十分間に合う働き手になった。

そのころ養母の畑は、開墾を了えていなければならない十五年目の期限が目前に迫っており、働き手が一人でも多く欲しかった。そのこともトキさんを学校に行かせたくなかった理由である。（「保護法」第三条　第一条ニ依リ下付シタル土地ニシテ其ノ下付ノ年ヨリ起算シ十五箇年ヲ経ルモ尚開墾セサル部分ハ之ヲ没収ス）

トキさんの入学の年と土地の期限とは、同じ年と考えてよいのではないかと思う。トキさんが入学した大正五（一九一六）年は、「保護法」が出来てから十八年目になるが、当時の交通事情や役所の仕事ぶりからみて、二、三年のずれは当然あっただろうし、事情によっては期限も延ばせるので、養母の土地の期限をこの年と考えてもよいと思う。

道南や海岸に近いところのように、早くから多くの人たちが渡道し、船で往来できる場所とちがい、交通の便の悪い十勝川上流の内陸部にあった養母の土地が給付されたのは、よそより二、三年遅れたと考えても不自然ではない。

土地の期限とトキさんの入学が重なったころの養母は、かつての暮しが遠のき、この先は畑で生きる以外にないことを否応なく認めなければならない状態だった。やがて土地のかたがついて開墾した所は自分のものになり、トキさんも学校を辞めて畑仕事に専念するようになって、養母の気がかりな問題は解決した。

養母は五十四歳、トキさんは十三歳、(学校を二年でやめたとして)大正七(一九一八)年のことであった。

一家は畑中心の生活に移り、食料は自足していけるように、次第に作物の種類を増やしていった。それまでは唐黍、稲黍、じゃがいもといった手間のかからない作りやすいものばかりだったが、のちには「豆だって作るようになったんだよ」と、トキさんは得意そうに言った。

気象条件によって出来不出来が大きく左右される豆は、世話が大変である。草取りを三回ほどしなければならないし、とくに秋の刈り取りは、中腰の姿勢で刈り進むので、農家の人でも音をあげるくらいきつい作業といわれていた。豆が作れるようになれば、本格的な十勝の畑作農家である。

トキさんは十三歳のときから馬を扱い、春がくるとアイカキをつけた馬を相手に一人で畑おこしをした。

「畑の端から端まで何遍も行ったり来たり、馬の後についていてただ歩くだけでしょう、だから居眠りするんだ。いちど蛇踏んだくらいにして、びっくりして飛び上って目が覚めたことあったんだよ。まだ十二、三の子供だもの、朝が早いから眠くて眠くて、畑で体を動かしながら、知らないうちに眠ってしまうことが何遍もあったよ」

畑仕事をするのは子供たちだった。ふつうなら小学校へ通っている少女が、体力の限界をこえて大人並に働き、それ以外の生き方があるとは思いもせず出来もしないあけくれを過していた。親も子も、区別なく働かなければ食べられなかった。

すっかり農家の暮しになったが、養母は長い間の習慣から、畑は子供たちに任せ、自然の恵みを採り集めるために、通い馴れた山や川辺や森へ行くことが多かった。トキさんの話に、畑仕事をする養母の姿がほとんど現れないのはそのためである。

母と子は、一日の大半を離れて過すようになっても相手を思いやる気持に変りはなく、寄り添って暮したころと同じようにお互いになくてはならない者同士であった。が、トキさんはこのころから、自分が実子ではないらしいと思いはじめている。

それは、畑で話し相手もなく一人でぼんやりしているときに、ふと頭をかすめる気がかりなことや、ちょっとした出来事が引金になって湧いてくる疑問だった。

学校へ行っていたころのこと、トキさんがまた男の子の待ち伏せに遭うかと怯えながら、夢中で帰りを急いでいたところ、見知らぬ日本人のおばさんが呼びとめ、辺りを見回して人のいないことを確かめてから言った。

「おまえは、ほんとうはアイヌでなくてシャモなんだよ。この辺りの人は誰だってそのことを知ってるんだから。絶対嘘でないからよく覚えておきな」

夢にも思ったことのない話に、呆れて口もきけないほどだったが、その人がそそくさと立ち去るのを見て急に怒りがこみ上げ、後ろ姿に向かって叫んだ。

「私はシャモなんかでないよッ。ハボ（お母さん）のほんとうの子でアイヌなんだからね、ウソつき！」

トキさんは飛んで帰るなり養母に早口で告げ、自分が間違いなく実子であることを、何度も確かめた。

養母は「オンノ、オンノ（うん、うん）」と、すがりつく小さな背を両手で叩きながら相槌を打ってくれたので、それまでの不安は消しとび、トキさんはようやく安心することができた。根も葉もない作り事をわざわざ聞かせて自分たちを惑わせるシャモは、養母の言うとおりやっぱりよくない人間だと思った。

その日のことはいつとなく薄れ、養母との間を疑う気持はまったく起らなかったが、畑に一人でいるとき、ふとそのことを思い出して妙に気になり、次第に意味をもって考えられるようになった。

記憶を遡ってみると、いくつか思い当たることもあり、噂はほんとうなのかもしれないと思うようになっていった。

まだ幼いころ、養母に折檻されているトキさんを通りすがりの人が見て、「あんなひどい目に遭わせるぐらいなら、もらわないばいいのに……」と眉をひそめていた情景が、はっきりと意味をもって浮かび上ってくる。つづいて、それより前に丸木舟の上で聞いたヤイサマ（即興歌）のことが、鮮かに思い出される。

ヤイサマネナー
　アヨー　オロロレ
なぜに　わたしが
育てなければ　ならないのか
この子は
可哀そうな　この子は
ヤイサマネナー
　アヨー　オロロレ

ゆたかな張りのある養母の歌声に包まれてうっとりしていたことを、トキさんは舟の揺れとともに覚えているが、いまになると、歌詞は自分の出生を指したものであり、養母がヤイサマに托して、ほんとうのことをそれとなく知らせるつもりで歌ったにちがいないと思い当った。

噂はこれでほぼ裏づけられたが、まだ事実を信じる気にはなれなかった。思い出すかぎりのどんな何気ない素振りにも、養母が隠し事をしている気配は見えなかったし、ひどく折檻されると怖かったが、それは仕事や人間としての心がけを叩きこむために必要な場合に限られ、親の「真実味」（この言葉をトキさんは好んで使う）がこもっていることが、体で感じられたからである。

養母は叱るときは徹底して叱るが、あとはからりとして、機嫌よく対等の話し相手になってくれた。小さいうちに、そうして体と言葉で厳しく躾け、独り立ちできるだけの力を身につけさせようとした。トキさんは、その人がほんとうの母親でないとはとうてい考えられず、信じたくなかったのである。

実母よりもアイヌの母を

この二年ほどのトキさんの成長はめざましい。ものを考える力がつき、働き手としても独り立ちできるまでになった。知らない人から日本人の子だといわれて養母にすがりついた幼さは消え、学校を通してはじめて触れた外の出来事として、噂の真偽を自分で確かめようとしている。

畑仕事は物思いに耽る間もないほど苛酷であるが、外から煩わされず一人で過せることがトキさんの気性に合い、畑は思いのままに想像力を働かせて自分自身を考えなおす場となった。頭では噂を認めながらも、気持の上では養母以外の親を実感することなどとてもできず、心の揺れが続いていた。

養母はトキさんの様子から感づいていたはずだが、自分から進んで事実を説明しようとはせず、それまでと少しも変らない「真実味」のこもった素振りで接していた。

畑仕事の合間をぬってみんなで山へ行き、薪を集めたりウバユリを採ったりすることがあると、養母は子供たちの先頭に立って誰よりも早くたくさんの収穫をあげ、大声でみんなを叱咤しながらいきいきと働いた。トキさんは幼い日が蘇ったように母親を身近に感じ、自分がほんとうの子供でないことが不思議に思われた。

ウバユリからとれる良質の澱粉は、食べ馴れたおいしい主食だったし、凍《し》ばれたじゃがいもを水にさらしてとった澱粉は、次に大事なものであった。畑で作った小豆を混ぜた澱粉団子は、みんなの好きな主食だった。食べられる草を母子そろって集め回る働きには、畑仕事にはない充実感があり、コタンの暮しで鍛えぬいた養母の自然に対する勘や知識を吸収できるという喜びがあった。

噂は間違いないとしてもまだ決め手はなく、決着がついたと仮定したところで、いまの暮しがどう変るものでもないと思い、トキさんは半信半疑のまま、畑仕事に打ちこむことにした。

ところが、春がきて、また畑おこしが始まり、馬について黙々と歩いていたトキさんの前に、突然、見たこともない日本人のおばさんが姉（トキさんと同じ養女）に連れられて現れた。自分を産んだ母親であることは直感ですぐ悟った。

四十を過ぎたその人は、姉がトキさんに用向きを話している間、抱えた風呂敷包みに顔を埋めるようにして小さくなっていた。

「会うだけならいいと思って、ばあちゃんは母親を寄越したんだ。私がいなかったら畑が困るから、連れていかれないように姉娘に見張りをさせて、二人だけで会わせないようにしたんだよ」

母親はこれまでのことをただ詫びるばかりで言葉もない風であったが、気を取りなおすと急かされるように思いのたけを話しだした。

福島の村から北海道へ着いてはじめての冬を迎えたときは、家族が無事に春まで生き延びられるかどうかもわからない悲惨な状態に追いこまれていた。大人なら木の根でも何でも食べて飢えを凌ぐことはできたけれど、生まれて間もない赤ん坊に飲ませる乳は出ず、食べさせるものもなく、飢えと寒さがつのる中で、唯ひとつ考えられる方法として、トキさんを他人に育ててもらうことにした。

母にとっては男の子が三人続いたあとの女の子であったから、渡道の旅の間もかけがえのないものに思って片時も離さず、新しい土地で親子そろって暮せるのを楽しみに、やっとの思いで開拓地へ着いた。その子を手放そうなどとは一度も思わなかった。

想像とあまりにちがう現地の暮しに驚く暇もなく、とにかく食料を得るために、母親は子供のことは二の次にして働かなければならなかった。親らしいことは何もしてやれず、目に見えて弱っていく赤ん坊をそのままにしておくことも親としては耐えがたく、どうにかして生きてほしいという願いから、心ならずも手放したのである。

養母とも約束したとおり、その時で母子の縁は切ったのだが、諦めきれない気持で今日まで生きてきた。親戚の者からトキさんの様子を聞くたびに、あんなに小さくひ弱だった子を無事に育ててくれた養母に対してありがたいと思う一方で、自分を責める気持と後悔で胸がいっぱいになった。学校の帰りにトキさんを呼び止めて、シャモの子だと教えたのは母親の兄嫁だった。

養子に出したからには会うまいと心にきめていたが、学校へ行くようになったトキさんの姿を自分の目でそれとなく見てからというもの、どうにかして再び手許に引取りたいという気持を押えきれず、人を立てて養母に頼んでみたが、思ったとおり聞き入れられなかった。

虫のいい申し出であることはもちろんわかっているので、できるだけの条件を出して何回も話し合ったが、養母の心を動かすことはできなかった。母親としては、トキさんがそれほど大切な子になっているのを知って、うれしいような辛いような気持だった。

母親は、会って話すだけという約束でようやくこうして畑まで会いにきたのだが、一回だけと固くいわれているので、この機会に何もかも伝えておきたいと、神官であるトキさんの実父とのいきさつや渡道の旅のことなど、自分の思いにかられて話し続けた。

見張りの姉娘は、他人の話に退屈して遠くの方で畑仕事をしている。トキさんは突然現れた母親の感情についていけず、珍しいものを見るように、ただ黙って向き合っていた。やがて母親は見張りのいないのに気づくと声を落し、この時を待っていたとばかり、トキさんに戻ってきてほしいと言った。

赤ん坊のうちに見捨てて今日まで何もしなかったお詫びに、これからはどんな好きなことでもできるよう、親戚とも力を合わせて叶えてやりたい。いままで一緒に暮した養母に気がねもあるだろうが、やっぱり実の母と暮すのがいちばんだから戻ってきてくれないかと、母親は哀願した。

前触れもなくやってきた実母とはじめて顔を合わせ、山ほど話を聞かされてみても、トキさんには心の準備もなく、問い返すにも理解できないことが多かった。

だが、いまさら戻ってくれなどと、養母への裏切りをすすめるようなことをいうのにはさすがに黙ってはいられず、その場で断った。

母親は気弱に頷きながら、自分の頼みを少女らしい潔癖さではねつけるまでに成長したトキさんを見つめていたが、二人の間の埋めようのない空白を思ってか肩を落した。まだ話したそうだった母親は、姉娘が畝をつくりながらこちらへ近づいてきたのを見ると、ようやく話すのを止め、抱えていた風呂敷包みを差出し、トキさんへのお土産だと言って帰っていった。

風呂敷にはネルのお腰と下駄が入っていて、いままで手にしたことのない新しい商品の匂いがした。別れぎわに見せた母親の泣き笑いの顔が贈り物と重なり、トキさんの心は少し揺れたが、やはり自分の親は養母のほかにはいないと、気を取り直した。

大正八（一九一九）年、トキさんは十四歳のときはじめて自分の誕生のいきさつを知った。生母が現れたことは、噂がほんとうだという決め手になって真偽のけりはついたが、それまで何の疑いももたずに生きてきた自分の周辺を意識して見直すきっかけともなり、新たに二人の母の間で悩むことになった。

　養母ははじめて自分の口から、トキさんを引取ったころの詳しい事情を話した。その時交わした約束を守って自分は養母であることを教えなかったのに、この二、三年、実母の方からしつこく母子の名乗りをあげたいと言い、はては養子縁組を解消してくれないかとまで言ってくると、吐き捨てるように言った。

　その気持はトキさんも同じだった。養母は、約束だから守らねばならないとか、子供に知らせたくないことは隠しとおすとか、そんな姑息な感情で子供を育ててきたのではなかった。親も子も精いっぱい働き、あるがままに対等に認め合う関係を積み重ねているうちに、おのずと母子の結びつきが作られていったのである。

　それに比べて実母はただ産んだというだけで、まだ這うこともできない赤ん坊の自分を捨てた。子守りをしていた男の子が親の知らない間にしたことというが、栄養の足りない痩せた子を氷の張った川めがけて抛り投げるという、殺すのと同じことをあえてする気になったのは、親が黙認したからにちがいない。

　たまたま目撃者があり噂が拡まったので養母に引取られることになったが、そうでなかったら、自分はいまこうして生きてはいなかった。無事に育っているのを知って会いたいというだけならまだしも、いまさら引取りたいなどとは、ふつうの心をもった人間なら口に出せないはずだと、トキさんは母親を批判した。

いきなり畑へ来て実母だと言われても、何ひとつ記憶になく話に聞いたこともない見知らぬおばさんであって、特別の感情が湧くわけでもなく、綿々と話されることもつまりは言訳、それも取り返しのつかない手遅れの泣き言としか聞えなかった。

「私は自分の親に、亡い者にされようとした〝悲劇の子〟なんだよ。どんな理由があるにしたって、自分で自分の産んだ子を殺そうとしたんだから、ひどい親もあったもんだ。ばあちゃんが助けてくれなかったら、私はこの世に生まれなかったと同じだったんだよ」

トキさんは説明されなくても養母の気持がわかり、二人の心は誰も入り込む余地がないほど通じ合っていた。実母が現れたことで、お互いをかけがえのないものと思う気持はますます強くなった。

ところがそれから間もなく、実母の身内が頻繁に畑へやって来て、トキさんを直接連れ出そうとするようになった。すでに話のついたことであり、トキさん自身母親に会ってはっきり断ったにもかかわらず、伯父夫婦は入れ替り立ち替りやって来て、いくら断っても考え直すように勧めるのだった。

かぞえで十四歳の女の子が、いくら男手がないとはいえ、朝から晩まで大人並に畑を背負って働いているのを見ると、母親はもちろん、その身内もみな放っておけない気持で心を痛めている。思い切っていまのうちに出てしまえば、まだ子供なのだから養母も仕方なく諦めるだろうし、育ててもらった恩返しはいずれ大人になってからだってできる。出てしまえば、自分でもよかったと思う時がきっとくるにちがいないと、熱心に誘った。

トキさんのためを思えばこそ、という大人たちの話しぶりには説得力があった。とくに伯母は、養母が幼い子供にも容赦なく折檻していたのを見ており、その厳しすぎる躾け方が近所で評判になっているのを知っていたので、自分たちの感覚で継子いじめと思いこみ、トキさんを哀れに思っていたのだった。

おなじ畑仕事をするにしても、少しは娘らしい楽しさも味わい、先行き明るい見通しをもつことのできる自分たちのところへ来れば、何といっても血のつながった者同士なのだから安心して働けるし働き甲斐もあると、懇々と言って聞かせたのである。

十年あまりの間に彼らは厳しい風土にも馴れ、もとからの農民の腕と粘り強さで畑の収穫を上げ、確実に暮しはよくなっていた。子供を育てられないほどのどん底におかれていた母親が、新しく買った品を土産に持ってくることができたのである。乏しい中をやりくりして求めたささやかなものにすぎなくても、それだけのゆとりを持つまでになり、暮しの上では明らかに養母たちより優位に立っている。

それがわかるはずなのにトキさんが誘いに乗らないのは、きっと養母に見張られているからにちがいないと思いこんだのか、あるとき、伯父は畑に人がいないのを確かめると、このまま何もかも放り出して自分と一緒に逃げようとまで言った。

けれどもトキさんはついて行かなかった。

「そうしたらおじさんは、一年先でも二年先でもその気になったら帰っておいで、いつでもみんなで喜んで迎えるから、いますぐでなくてもいいんだよって言ったんだ」

この人はトキさんたちを北海道へ連れて来た人である。村を出るときからの一部始終を見てきただけに、母子の仲を元に戻してやりたいという気持を人一倍強くもって説得を続けたのであるが、養母をすべてと思っていたトキさんは、頑として断りとおした。

母親は土産を持ってきてから一度も現れなかったが、その意を汲んだ身内は波状的に、養母を通さずトキさん本人に働きかけ、何としても連れ戻そうと、その後も諦めずに畑へやってきた。その動きが世間の噂にもなりだしたのを知って、養母は一日も早くトキさんを嫁に出してしまおうと考えた。

「私がいなくなったらコルチ（クコル　フチ＝うちのばあちゃん。トキさんの子供からみた祖母＝養母のこと）は困るもの、可哀そうなんだ。ほんとうの母親も及ばない心で育ててくれたんだよ。命を助けてくれた恩のある人を置いて出るなんて、ふつうの人間ならできるもんでない。コルチと私はどう考えたって実の母子としか思えないくらい、何だってわかりあって、どんな時でも離れないで暮していたんだもの」

実母の方へ行かなかった理由はこれだけで十分であるが、環境のちがいや、だまされるかもしれないという不安も大きかったと、トキさんは話した。

「向うへ行ったとしても、言葉から何からみな、コルチのときとちがうでしょう。いずれ馴れるにしたって、それまでの間が大変だよ。そこの家族ととても折合っていけなかったと思うんだ。生活環境がちがうんだから、行ったたって長くはいられないにきまってる。どっちつかずの流れ者のようになっていたかもしれないんだ」

実母のところに行けば女郎に売られると、養母に言われたのも恐しかった。

「大正の初めだもの、そのころは若い娘が売物になったんだよ。生活に困っている家の娘を女郎屋が金で買っていった話を聞いてきて、私が甘い言葉に乗せられて向うへ行ったら、きっと女郎に売られてひどい目に遭うにきまっていると言って怖がらせたんだ」

トキさんは、自分を見捨てた親ならそれぐらいのことはするかもしれないと、本気で考えていた当時を振返って、いくらなんでもそこまでは決してしなかったと思うと、いまは実母の身内をかばっている。そして、そんな話までして自分を引きとめようとした養母の不安と、親としての愛情をあらためて思い、自分はここに留まってよかったと話した。

「コルチの傍で暮すのが、私の運命だったんだねえ」

だが一方で、実父に対しては憧れをもつようになった。それは、神主の娘としてふさわしい教育を受け何不自由なく暮せたかもしれない、もうひとつの自分を空想する喜びでもあった。

実母に会ってただひとつよかったと思うのは、父の話が聞けたことだった。それまで男親のいないのを不自然とは思わず、養母の夫を「父」とはとくに意識しなかったので、ほんとうの父が神主であり自分がその血を受けていると知った時は、明るい世界が開けたように感じられた。

神官である父親のイメージは、養母に聞いた巫女のおばあさんのように、信仰を司り誰からも尊敬される人という漠然としたものから、次第に、学問のある知識・人格ともにすぐれたひとつの理想像にまで高められていた。読み書きの基礎ができていないばかりに、どれだけ世の中では不利な思いをしなければならないかがわかるにつれて、父の姿はトキさんの内部でいよいよ美化されていった。

客観的にみれば、父親こそ母子を不幸な目に遭わせた張本人であるのに、トキさんは母親だけを責めた。生まれてから三年間無籍だったのは、父親が親子の縁を拒否したからであるが、トキさんは父に対して片思いの憧れを持ち、自分と同じ被害者である母親の立場を考えようとはしなかった。

これは、父親像がトキさんの頭で作られたものにすぎないからだと思うが、ひとつには、農村の秩序や生活がアイヌの母に育てられたトキさんにはピンと来ず、実母が村でどんな辛い思いをしたか、理解できなかったからだろう。人間に上下の差があるとか、正式に結婚していない女は世間から不道徳と見られるとかいうことは、トキさんには考えも及ばないことだった。

だから、村でのいきがかりに関係なく、父と母とを別々の人間として自分の尺度で判断を下せばよく、その意味では、トキさんはある種の個人主義を身につけていた。養母の乾いた気性に対して、実母の哀願するような態度は、それが社会的につくられた日本人の女性の一面であるとは思い及ばず、自分自身の感性にそぐわないものとして見棄てることができたわけである。

トキさんは身辺で起る難事を通して少しずつ視野を拡げ、世の中の動きやさまざまの人間を知るようになったが、養母の娘として生きるという心は変らなかった。

「コルチは母親の方があんまりしつこく言ってくるもんだから、いつどんなことで私の気が変るかもしれないと心配だったんだ。だから、前から嫁にくれと言っていた人と結婚させることにしたの。二人ともまだ若すぎるって断っていたコルチが、急に段取りして、さっさと話をつけてしまったんだよ」

こうしてトキさんは養母の望みどおりにすることを自分でも願い、アイヌの一人として生きる道を選んだ。

相手は、コタンにいたころ「サバネクル」（長老、酋長）をつとめた家の長男で二十歳だった。養母はその親たちと、コタンでも給与地へ移ってからも親しくつきあい、おたがいに何もかも知り尽した仲であった。若い二人が夫婦になるのは、早くからごく自然にきまっていた。トキさんは十七歳、大正十一（一九二二）年のことである。

結婚

婚家は、養母の家から利別川沿いに四キロほど遡ったところにあった。かぞえで十七歳のトキさんはまだ妻という実感が湧かず、兄と暮すような気分でいたが、養母の傍を離れたことで、これから新しい自分の生活が始まるという張りつめた思いをもった。養母を安心させただけでも、結婚してよかったと思った。

夫とその両親にとって、トキさんは申し分のない働き者の嫁で、畑仕事は安心して任せることができたし、トキさんもそれまで以上に働いた。

「コルチの畑も気になったけど、近くにあったたって手伝いに行っていられない。嫁に来たらすぐ子供ができて、そうなったら、はあ、親もなんもない。年子もいたから、一度に二人の赤ん坊の世話しながら働いたんだよ。それからはもう自分の子一本だ。私の二の舞させたくないと思って、子供のことだけは人にまかせないで打ちこんだんだ」

結婚した翌年に女の子が生まれてから、昭和二十三（一九四八）年にいちばん末の女の子ができるまで、二十五年の間にトキさんは十二人の子供を産み、九人がいまも健在である。末子が歩けるようになるまでの三十年ほどは、いつも赤ん坊のいる暮しだった。

夫は昭和二十六（一九五一）年に、四十九歳で亡くなった。それまでに三人の子供と夫の両親を失っているが、待ったなしの育児と畑仕事に追われて、身内の死を悲しんでいる暇はなく、それぞれの場面をあまりよく憶えていない。

ただ、長男を亡くしたことだけは、いまだに諦めきれない。賢くて頼りになる子だったので、もし生きていてくれたらと時折思い出しては、母親の自分が至らなかったのではなかったかと悔まれる。長男は、生後間もなく死んだ他の二人の子とちがい、病気ひとつしたことのない丈夫な子供だったのに、東京へ働きに出た間に病気になり、二年後に家へ帰ってきて死んだ。

長男は小学校を卒業して家の畑仕事を手伝っていたが、十五歳のとき、働きながら技術を学べる少年工を募集しているのを小学校で知り、将来は技術で身を立てたいといって自分で手続きをしてきた。昭和十五年のことである。

「そのころ、北海道から東京へ行くといったら大変だったんだよ。遠いところへやりたくなかったけど、どうしても行きたいってきかないから、思い切って出したんだ。あの時反対しておけばよかったと思うよ。三年たったら帰ってくるから大丈夫と言ってたけど、都会は空気が悪いから一遍に体やられたんだね。しっかりしてるったって自分の家しか知らないまだ小さい子が、一人で東京で暮していて、なんぼか辛かったべね。二年でとうとう我慢できなくて帰ってきたけど、痩せて土色の顔してひどかったんだ。一目見たときにもう助からないってわかったよ。私が看てやって自分の家で死んだから、それだけはまあよかったけど、戦争中だから何もしてやれなくて、ただ傍についてるだけだったんだ」

少年が死んだのは、戦争たけなわの昭和十七（一九四二）年である。東京では軍需工場で酷使され、寮生活で縛られていた。技術を身につけお国のためにもなるという名目で、同じような少年たちが全国から集められ、軍需生産に駆り立てられていたのである。トキさんの長男は戦争のために、将来の夢を実らせることができなかった。

子供をもってからトキさんはよい母親になることに努め、実母にも養母にも欠けていた親としての役目を、子供たちにはどんなことをしても果たそうと、日夜心を砕いた。

ひとつは、自分が産んだ以上どの子も自分の手で育てること。もしも子供をくれと言われたら、たとえどんなに気心の知れた人でも好条件を出されても、決して他人には渡さないと自分に誓った。——生みの母に捨てられたと知ったときの惨めな思いを、子供には絶対味わわせてはならない。

実際に、子供をもらえないかという話がよくあったが、頑として断った。八つを頭に五人目が生まれたときはさすがに手が回りかね、一人ぐらい養子に出そうかという気になったが、あわてて自分を抑え思いとどまった。

どの子もよく家の手伝いをし、大きくなった順に弟妹の面倒を見たし、畑仕事も子供なりに進んでしてくれた。だが、病気になると大変だった。次々うつるので一人ですむことが少なく、時には三人一緒に枕を並べて寝込まれ、徹夜で看病したこともあった。そんな時に限って副業にすすめられて飼った鶏の雛の世話が重なり、どちらも目が離せないので、夜昼なしに動きまわらなければならなかった。

「よく体が続いたと思うよ。まだ若くて、気が張っていたからやってこれたんだ。病気の子は、母親の私しか看てやるものがいないんだもの。その時は夢中で、眠いとも感じなかったよ。あんまり辛いと、子供の少ない方がどんなに楽かと思うけど、やっぱり人に育ててもらう気持にはならなかった」

もうひとつの大事なことは、子供には義務教育を必ず受けさせることである。畑おこしや穫り入れでほんとうに忙しい数日間は畑を手伝わせたが、それ以外に、親の都合で学校を休ませたことは一度もなかった。行きたくないという子がいれば怒鳴りつけてでもむりに追い出し、少しぐらい熱があっても学校へ行かせた。

義務教育を受けるべき時期に受けなかったことに、痛恨の思いをもっているトキさんとしては、子供なりに学校を嫌がる理由があるとわかっていても、とにかく休まず行き続けることを強制し、十人の子供を一人残らず卒業させた。上の三人は小学校六年間、あとは新制の中学三年までの義務教育を無事に了えている。

そのさき進学するかどうかは、男の子の場合は本人の判断に任せ、親としてできるだけの援助はするが、自分の責任で進路を選ばせることにした。女の子には、それぞれに合った技術を身につけさせたいと思い、さらに心を砕いた。

「男の子は基礎さえあれば放っといても自分の力で生きていけるけど、女一人ではいまの世の中、生きにくくて苦労するでしょう。世間ではふつう男の子に力を入れるけど、私は反対に、女の子が独り立ちできるように、何かの腕をもたせてやりたいと真剣に考えたんだ」

義務教育を受けていないために閉ざされてしまったさまざまな可能性を、トキさんは自分の娘たちを通して実現したいと願った。和裁、洋裁を習うことから、看護婦、教員の資格をとることまで、女の自立できる技術や職業をあれこれ思い浮べ、それぞれの娘に当てはめて将来の姿を夢みた。その姿は、想像の中で自分自身と入れ替わる。

「私に教育さえあったら、学校の先生になっていたかもしれない。先生になって子供を教えてみたいとよく思ったんだ。でも、何するたって基礎ができていないんだから、畑するしか、しようないんだ。畑ができたって技術でないもの、それで女が一人、どこでも食べていけるというもんでないでしょう。こんな情ない思いを、娘たちには絶対させたくなかったんだ」

十歳ごろから手伝うようになった畑仕事を結婚してからも営々と続けることが、選択の余地のない唯一の自分の生き方とわかっていても、母親の努力次第で子供の将来をいくらか拡げてやれると気づいたとき、自分の育った環境の惨めな側面があらためて感じられた。

実父のことが意識されるようになったのはこのころ、子供たちの教育について考えるようになってからで、それまでの淡い憧れの対象から、この社会で目ざすべき目標と理解されるようになっている。

「もし父親のところで育てられていたら、女学校へ行って学問で身を立てていたと思うよ。そしたら、おやじさんに死なれて一人になったって、誰にも頼らないで好きなところで生きられたと思うんだ」

十四歳で自分の出生を知ってから、結婚、出産、そして最初の子供が学齢に達するまでに十年がたち、時代は大正から昭和へ変った。義務教育を無視してもそれですんでいた養母の時代は、もう過去のものになっている。

母親になったトキさんは、時代の流れに合わせなければ、これからさき生きていけないことを知った。誇り高いアイヌの養母のように、流れに逆らっては生きられない世の中になったのである。

少女のころの十数年を、もう一度生きなおし取り戻そうとする執念をもって、トキさんは子供たちの教育に打ちこんだ。いま男五人女四人の子供たちはそれぞれの得手に応じて独立し、女たちは結婚しているが、看護婦、美容師、洋裁などいつでも独り立ちできる技術を身につけている。近くに住む文子さんは洋裁を習った。

「いまになると、洋裁学校へ行っておいてよかったと思うよ。刺繡するのだってやっぱり手の運びがちがうもの。あのころは行くのが嫌で嫌で、あんまり母さんがやかましいものだからしようなしに行ってたんだけど、だから続けられたんだ。厳しく叱ってもらったおかげだね」

文子さんは、子供のころ、母親のトキさんがどんなに厳しく頑固だったかを笑いながら話した。トキさんは子供たちに対して、養母と同じように口やかましく頑固だったと、自分でも認めていた。

もうひとつ、トキさんは日常のこまかいところまで衛生観念を徹底させ、子供を丈夫に育てるためにあらゆる努力をした。べつに大げさなことではなく、食器の煮沸消毒と夜具、衣類の日光消毒を家族みんなで心がけることである。これは、簡単に見えても長く続けるのはむずかしい。

いつもストーブの大鍋にいっぱいの湯を煮立たせておき、食器は水洗いしたあと必ず熱湯をくぐらせた。三度の食事の後はもちろん、茶飲み茶碗ひとつでも使う前と後には大鍋の湯にくぐらせ、子供にもやかましく言い、客にもそうしてもらった。中には不機嫌な顔をする人もいたが、トキさんはかまわず自分たち家族の習慣を通し、例外を認めないことにした。

布団や衣類は、あり余るほどあるわけではなく、食べることに追われて後回しになる洗濯を補うためにも、小まめに外へ出して陽に当てた。それなら子供にもできるし、陽に当てただけの消毒はできたと思うと気分がさっぱりした。

その習慣はトキさんの体の一部のようになり、そうしないと落着かない。私に洗い物を任せてもそれが気になり、ときどき覗きにきて声をかけた。「もっとたっぷりお湯を使ってきれいに洗わないと駄目なんだよ」

トキさんがこれほど消毒に気を使うのは、結核菌の伝染を恐れているからである。とくに食べる物には神経をとがらせ、たとえば夕食に鍋物をしたとき、私が自分の箸で取ろうとした途端、「口つけたものを鍋に入れたら汚いんだよッ」と言った。ぐらぐら煮えていても、食物となると、平静ではいられないのである。

子供たちが学校へ行き、外との接触が多くなるにつれて、いろいろな知識が家に持ちこまれる。トキさんが伝染病の常識的な予防法や衛生観念を知ったのは、子供たちを通してである。一旦とりつかれたら治る見込みのない病気と病人のことは昔から知っていたが、その名前も詳しいこともわからなかった。ただ恐しくて、何としても自分の子供たちをその病気から守りたいと思った。

養母と暮していたころは水道も電気もガスもなかったが、一日中働き、川の水を汲み、囲炉裏の明りと暖かさを囲んでいれば、衛生のことなど考えなくても健康に生きることができた。病気になるのは運が悪くて魔物に取り憑かれたか、生まれながら体が弱いか、どちらかだと気にも留めなかった。

「あんまり小さいうちに子供を死なせると、あの家には変な病気があるという噂がたって、みんなから嫌われるんだ。病気がうつるといって、小さい子供でも鼻をつまんで、臭い臭いと言いながら、その家の前は走って通るの。誰も近寄らなくなるんだよ。子供がまだ小さかった時の私なら、変な病気にさせたら大変だと思って必死だったさ」

トキさんは、病名を口にすると疫病神を呼ぶことになると信じているように、声をひそめて「変な病気」としか言わなかった。トキさんは母親になったころ、身近で何人も結核で死ぬのを見ききしているので、病気の恐ろしさを忘れることができないのである。

結核は、眼病や梅毒とともに移住者が持ちこみ伝染させたもので、アイヌには、病気に対する免疫がなかった。

養母も、自分の育ったコタンにはなかった伝染病に対して、ほとんど無防備の状態だった。十人あまり育てた子供たちのうち、無事に成長したのはトキさんと兄の二人だけである。

養母が実子のほかに七人以上もの子供を引取って育てたのは、病気で死なせた子の空しさを埋めるためではなかったか。みんな無事に成長していたら、何人もの子供を引取ったりしなかっただろうし、四十を過ぎてからトキさんを養子にしたりしなかったかもしれない。

それに比べると、時代は下るが、十二人の子供のうち三人を除く九人を無事に育てたトキさんの苦労が、いかに大きかったかわかる。一人だけ手術のあとがこじれて長い間入院させたことがあるが、トキさんはいつも一人一人の体調を観察し、異常に気づくとすぐ処置したので、どの子供もそれほど重い病気もせず、元気に育った。

振返ってみると危い綱渡りのようで、少しでも気を緩めていたら助からなかったと思う瞬間がたびたびあった。子供たちもめいめいが体に気をつけていたから丈夫でいられたのだと思うと、トキさんは子供にも感謝していた。

病気や衛生について、トキさんが真剣に考えるようになったのは、囲炉裏が薪ストーブに代り、子供たちが小学校へ行きはじめてからである。このころが生活のひとつの転機になっている。物心ついてからずっと馴染んできた囲炉裏が消えたとき、トキさんは新しい段階に移り、養母から自立したといえる。

養母のように、日本人を嫌い日本語を拒否して誇り高く生きる余地は、もうなくなっていた。自分の子供たちは日本人と変りなく育て、これからの世の中で通用するようにしてやりたいと、トキさんは願った。拠りどころであった広い自然を奪われ、現実にはアイヌではなく農民として生きていることを積極的に認めたわけである。

トキさんは子供を通して、新しい考えや世の中の動きを吸収しようとした。養母はアイヌ語で話したが、トキさんは子供たちと日本語で話した。自分が受け継いだアイヌに関わるあらゆること――伝説や教訓や習慣や言葉などは、自分の子供たちに伝えなかった。その必要はなく、そこに拘っていては生きられない社会になっていたのだった。

トキさんの話は子供に集中し、他の家族のことはほとんど話題にならなかった。姑が家事や孫の面倒を見ていたといったが、それも私が尋ねたから答えただけである。

「それは見てくれたよ。年とってたし、あんまり丈夫でなくていつも家にじっとしていた人だから、何喋るって別に大したことも話さなかったね。人と話すのは好きでなかったようだよ。あんまり笑ったことのない人だった」

舅のことは姑よりもっと関心が薄く、これといった話は何も出なかった。夫については周囲の信望が厚かったことは認めても、「酒ばっかりよく飲んだんだ。それで体悪くしたんでないの」というぐらいだった。トキさんは、夫とその両親を過去のアイヌの世界とみて退け、自分は子供たちの未来に賭けて生きようと考えたのである。

この母子の姿は、養母が先頭に立って子供たちを従え、女手ひとつで暮しを切り回していたのとどこか似ている。基本的にちがうのは、トキさんの方が養母よりも子供にかける期待が大きく、世の中の変化に敏感なことである。

こうして、かぞえの十八歳で母親になった時からこの聞き書きを思い立つまでのおよそ五十年、トキさんは、表向きはアイヌ語を日常語として使わない暮しを続けてきたのだった。

アイヌ語が甦った

アイヌ語を書き取る作業は夕食のあと寝るまでと決め、ほとんど毎日続けた。夜の方が集中できるという理由のほかに、もし昼間だれかが訪ねてきて、口述筆記の場面を見られたら困るという心配が、トキさんにあったからである。

「明るいうちからこんなもの（筆記用具やテープレコーダー）拡げて二人で喋っているところを人が見たら、変に思うべさ。こんな寒いときはまず誰も来ないけど、万一ということがあるから昼間は絶対いやなんだ」

毎夜二時間ほど、トキさんはアイヌ語の世界を再現することに力を尽した。ことばの細かいひだまでも正確に伝えるために、ひとつひとつ言葉の背景を、厳密に丁寧に説明した。それは筆記する私に対してよりも、トキさん自身が、記憶を確かめ納得するための作業のようであった。

話し方は滑らかで筋道立っており、発音もあいまいにはせず、語尾まではっきりさせた。自分でも言っていたとおり、進学できて素質を活かしていれば、小学校の先生になれた人かもしれない。

口述筆記にかかる前置として、最初に自分の出生をめぐる事情とその後の人生を語ったときも、同じように明快で行き届いた話しぶりだったから、二晩をかけたその長い内容を、ひとつの物語として私は聞くことができた。

「あんたにばあちゃんのことを知ってもらわないと、私が恩返しのつもりでアイヌ語を残したいというほんとうの気持を、わかってもらえないと思うんだ。恩返しするったってできるもんではないけど、ばあちゃんから教えてもらったアイヌ語を残すって言えば、ばあちゃんだってきっと喜ぶと思うよ。そうして、せめて万分の一でも恩返しをしたいんだ。だから、五十年も使わなかったアイヌ語を、こうして思い出しながら喋っているんだよ」

長い間、置き去りにしていた養母との暮しと、そこで交わされたアイヌ語を、トキさんは母親の役目を終えたいま、もう一度見直したのである。

その間全く無縁でいたわけではなく、養母とはアイヌ語で話していたし、夫の両親や近所の老人たちと、たまには話す機会があり、内輪ではアイヌ語の糸が切れずに続いていた。

養母のことはアイヌ語でなければ考えられない。一人でアイヌ語を呟いていると、次々に子供のころの出来事が誘い出されるように現れ、忘れかけていた言葉が甦った。

トキさんがアイヌ語の記録を思いたったころ、アイヌの家族と知って話を聞きたいという人たちの訪問を受けたことがある。どの質問も型どおりなのはまだいいとして、なかには時代離れのした先入観や誤解に基づく答えようのないものもあり、当人はそれに気づかず無邪気に話しているのがわかるだけに、歯がゆく後味の悪い思いをさせられた。

そのほか、観光向けの話や案内板にアイヌ語の間違った使い方がされているのを見ると、気になってしようがない。自分が育てられ知り尽している言葉が粗末に扱われ、放っておけば間違いが定着してしまうと思うと気が焦る。

トキさんはそうした状態を自分の力で少しでも改めさせなければと、使命感さえもっているようだった。

トキさんが結婚して間もない昭和の初めごろ、アイヌ語を知りたいという人が舅を訪ねてきたことがあった。そのやりとりを傍で聞いていたところ、舅は明らかに間違った言葉を真面目な顔で教えていたのである。相手はそれに気づかず、熱心にメモをとって帰っていった。

「学者だか何だか知らないけれど、焼酎一本持ってきたぐらいで、だれが本当のアイヌ語教えてやるもんかって、あとで年寄りは腹立てていたんだ。聞きにきた人はそれを本当だと思って本に書いたりするから、間違ったアイヌ語が拡まるということもあると思うんだ。そうやって嘘がいつまでも残ったら困るでしょう。だから私は本当のアイヌ語を残したいの」

トキさんは、いまのように関心をもたず、むしろ意識してアイヌ語を避けていた当時の自分と、日本人に対する不信からわざと間違ったアイヌ語を教えた年寄りと、どちらの態度も現在のアイヌ語のひどい状態を作る原因になっていたと、苦い思いで反省している。

アイヌ語の記録を思い立ってからというもの、トキさんは何回となく過去に遡って自分の記憶を総ざらいし、点検した。一時の思いつきでなく、例えば舅と学者のやりとりのような、その時代の証言となる出来事も拾い出していたのである。

トキさんの構想は、自分で説明をつけたアイヌ語の単語集を作ることであった。それを残してさえおけば、いつかだれかがアイヌ語の勉強に利用したり、アイヌのことに関心をもつようになったりするだろう。喋る人がいなくなれば消えてしまう文字のない言葉を、いまのうちに書き残して後の世に役立てたい。トキさんはそう願っていた。

できるだけたくさんの言葉を満遍なく集め、アイヌの考え方や暮しが読む人に伝わるように、言葉の説明は詳しく誠意のあるものでなければならない。人間と生活を知らなければ言葉は理解できないという当り前のことが当り前でないところから、無理解や偏見が生まれる。アイヌを取り巻く環境がそうだと、トキさんは言った。

「アイヌ語を聞きにくる人は、山の名前やら昔話やら面白そうなことばかり知りたがるけど、いちばん肝腎の人間と生活を知らなかったら、本当の意味はわからないんだよ。人間と生活の言葉がわかれば、ほかの言葉の意味は自然に解けてくるんだ。それを反対に、外側の言葉から先に覚えたって、アイヌの気持が通じないんだから、アイヌ語の面白味は、出てこないと思うよ」

最初に集めたのは、体の各部分の呼び名である。「人間といったら体でしょう。体がなかったら生きてないし何もないんだよ」トキさんはこれほど確かなことはないと、明快に言った。

私は体の略図を描いて書き込むことにした。「ふーん、上手でしょう」と、トキさんはその図を見ながら、頭の先から順にアイヌ語の呼び名を当てはめた。たちまち数十の単語が集まり、その図に書ききれないほどだった。

人間→体の次は、生活→家である。建物の構造、各部の材料、呼び名は生活全体に関わってくるので、「体」の場合のように簡単ではなく、説明に時間がかかった。トキさんは自分の育った家を、頭に焼きついているとおり正確に伝えようとして、ひとつひとつの言葉をあらゆる角度から実に丁寧に説明した。

いま、当時のアイヌの家は模型でしか見られなくなったが、トキさんは現に自分がそこに住んでいるように、内部の大きさや形や使われた材料について、具体的にこまごまと話した。ひとつの呼び名の説明からも一日の暮しが浮かび上り、人々の気持や立居振舞までが感じられるようだった。

そうした詳しい説明を残らず書き取りたいと思ったが、トキさんは反対した。まずアイヌの生活を知るべきだというのなら、そこで暮した人にしかわからない内側のこまごましたことも記録した方がよいと思ったのだが、トキさんは単語だけ書けばよいと考えていた。

「何でもかんでも書かないだっていいんだよ。私が書いてほしいことだけ書いておけばいいんだ」。テープレコーダーについても同じで、「いま入ってるのか。入れたら駄目だ、止めれ」と、必ず確かめてから話した。

几帳面で考え深いトキさんのことなので、自分の決めたことにはそれなりの根拠があるのだろう。あるいは残す価値がないと判断したのかもしれないが、それよりも、文字で表されたものに対する不信が強くあって、自分の話が誤解されたり利用されたりするのを恐れる気持が反射的に働いたからにちがいない。

さきの、焼酎一本でアイヌ語の話を聞きにきたというような例は珍しくなく、以前からあちこちで起っており、その噂がアイヌの人たちの間に知れ渡って、日本人に対する警戒心を強めている。土地を詐取されたのも、文字に無関心なのを悪用されたわけで、〝搾取の手段〟として使われた文字と、それをもつ人間は油断ならないという意識は容易に消えない。

半ば冗談に「アイヌは字が読めないと思って、ごまかすんでないの」と、私は言われたことがある。

トキさんは、アイヌ語を残すためにその「文字」を使い、しかも人に頼まねばならないという矛盾に気づいているので（自分で書けたらなあと、よく言っていた）、少しでも書く量を減らしたいと考えたのかもしれない。

「人間」と「生活」の次の項目は、二人で相談して衣・食・道具・人間関係・動植物・地形・気象といった順ですすめることにきめた。トキさんは自分の譲れることと譲れないことをはっきりさせる人で、よいと思う意見は取り入れた。

「アイヌ語はひとつ（一字）間違うと解けないからむずかしいんだよ」

自分の発音が正しくカタカナになっているかどうか、トキさんは何度も念を押し、私はいちいち発音を確かめてから書くことにした。それぞれの単語をアイヌ語と日本語で書き、ところどころに簡単な注をつければ、あとは手を休めてトキさんの詳しい説明を聞いていればよかった。書かずに消えてしまうのが惜しい内容の話がたくさんあった。

単語の数が増えるにつれてトキさんはいよいよ雄弁になり、どの言葉も生活全体のなかに位置づけて説明した。かつての自給自足の生活では、たとえば動物や植物は衣食住の材料として、そのどれとも関わりがあるというように、ひとつの日本語に置き換えるだけでは意味の通じない単語が多いからで、いくつかの項目を立てて分類すること自体に無理があった。

言葉は生活の中から生まれ、そこで使われて意味をもつということをトキさんは体得していた。それぞれの言葉の真意を伝えようとすれば、どうしても生活に関連させて話さなければならなかったのである。

一口にアイヌ語といっても地域によって少しずつちがい、おたがいに通じない単語もいくつかある。

「だから、私のアイヌ語が絶対正しいとは言えないんだ。日高辺りは早くから南部衆が入りこんでたから、いろんなシャモ語が混って、元のアイヌ語とは変ってきていると思うよ。あのじいさんのは正しい正しいとみんな言ってるのだって、ほんとうはどうかなあ……前に、あのじいさんのカムイノミ（祝詞）聞いたけど、口の中で何だかパチパチと言ってしまうから、少しはわかるところもあるけど、私にはよくわからん。あとでそういうと、じいさん、いやァな顔するんだ。アイヌ語を知っている者に聞かれたなという心を、顔に表すんだ」

トキさんはそのとき聞いた言葉を覚えていて、耳で確かめながら呟いては「どうもここがおかしい、意味がよくわからんなあ」と首をかしげて考えこんでいた。

アイヌの大きな伝統行事や儀式には、道内各地からアイヌ語のわかる年輩の人たちが何人も集まるので、トキさんにはいろいろな人のアイヌ語と自分のとを比べてみる大事な機会になっていた。その時のことを思い出し、自分のアイヌ語の記録に役立てていたのである。

「私は十勝の本別《ほんべつ》のアイヌ語を残したいんだ。日高でも胆振でも釧路でもいろいろあるけど、ここはよそより開けるのが遅かったから、ばあちゃんの言葉には外の言葉が混ってなくて、昔とそんなにちがわないと思うんだ。私のアイヌ語はみんなばあちゃんから教えられたんだから、それを残したいの」

一般に十二、三歳までが言語形成期といわれているから、十七歳で結婚するまで養母と暮していたトキさんの母語はアイヌ語である。十四歳のとき会った実母の日本語は、およその意味が通じる程度だったようだ。実母の誘いを断った理由のひとつに、トキさん自身言葉のちがいを挙げていることを見ても、それはわかる。

アイヌ語の世界（Ⅰ）

トキさんのアイヌ語の一部を、書き取った順に紹介してみる。

バケ　頭、首から上を指す（アイヌ語のハ行の濁音、半濁音は、どちらで表しても間違いではない。ただし、地方によってどちらかに片寄っている）

シキ　眼

シッラク（＝シキ　ラク）睫毛

エッフ　鼻

チャロ　口

キサラ　耳

オトップ　髪の毛

レッ　ひげ

ベンラム　胸
カプ　乳
ハンカプエ　へそ
ホニヒ　腹
テッコトロ　掌　手の裏
テクメッカ　甲　手の表
アスケベッ　指
イッケウ　腰
オソロホ　尻
オソルカム　けつべた（トキさんの表現）
オソルプエ　肛門
ツイエへ　男の生殖器
カッカハ　女の生殖器
チキリ　足　先の部分
コッカバケ　膝頭

シ　尿　糞　排泄物
アシン　小便する
オンネアシン　排便する
「オンネ」は、大きい、年老いた、という意味で、人間の場合にのみ使う形容詞。人間以外の動植物などには「ポロ」を使い、混同されることはない。
チセ　家　人間の住む建物
アパ　家の出入口　人間の出入りするところ
アパウロッペ　「アパ」に垂らす蓆　出入口の戸に当たる
プヤラ　窓
プヤラロッペ　窓に垂らす蓆　窓を覆うもの
出入口には鬼茅（キムン）で編んだ重くどっしりした蓆を使い、窓にはそれより軽い葭（サラ）で編んだものを使った。だから、たとえば「アパウロッペ」という言葉には、素材の鬼茅、その自生地、刈り取る季節や労働のすべてがこめられている。単に入口の戸というだけでは、実物のイメージは浮かばない。
窓（プヤラ）は方角によってそれぞれの役割があり、呼び方もちがう。

ロルンプヤラ　北側の小さな窓　熊おくり（イオマンテ）のとき、熊神様の出入りに使う神聖な窓。熊以外の動物には使われなかった。十勝以外では、東側につける。

イトモンプヤラ　悪い神様の入る東側の窓

エッツボ　善い神様が使う南向きの小さな高窓　人間の出入口の真上につけられ、換気の役目を果していた。

キナ　敷物　ござ

シキナ　蒲で編んだ上等の敷物　上座に敷いたり男の身につけるものをくるんだりするのに使った。昔から蒲は尊い草といわれていた。

ヤヤンキナ　蒲以外の水草で編んだ不断に使う敷物　床に敷くだけでなく、天井に張って屋根のごみを受けたり、死んだ人を埋葬するときにくるんだりするのに使った。自分が死ぬ時の用意に五、六枚は編んでおくことになっていた。

チタルペ　赤と黒の模様を編みこんだ蒲の敷物　儀式とくに熊おくりに使われる花ござである。

ツンプ　主人の寝る場所　強いて日本語にすれば「部屋」であるが、間仕切りのない家の内部の決められた一画を指す。人も物も炉を中心にして占める場所がきまっており、秩序があった。

バラカ　炉の真上に床から二メートルほどの高さで吊った棚　肉や魚などを乾燥させるのに使い、自在鉤（叉木《またぎ》を利用したもの）はそれに取りつける。屋根のごみを防ぐのにも役立った。火棚ともいわれているが、それでは炉と組んだ役割がよく理解できない。バラカはバラカとしかいいようがないように思う。

ツーリ　垂木

サクマ　木舞《こまい》

イテメニ　桁

トンチカマ　敷居

ミンダラ　庭　土間

家（チセ）を建てるのはコタンの共同作業であった。子供のころ、みんなが助け合って草葺きの家を作るのを見ていたので、家の骨組や建て方を自然に覚えた。

イタンキ　椀

カバルベイタンキ　シロカニイタンキ　いずれも客用の上等の椀　シロカニ＝白金。

カバルベイタ　膳
イタタニ　俎板
バスイ　箸　幅約三センチ、長さ三十センチほどの彫刻した板で、儀式のとき使う。へらという方が近い。
カスプ　杓子
ペラ　へら
イチャリ　笊
ニース　臼
ユータニ　杵
ス　鍋
スーブタ　鍋の蓋
スワッ　鍋を吊す自在鉤（木製）
ツキ　木の杯
パッチ　大きな木鉢
テッコロパッチ　両耳のついた大きな木鉢

シントコ　きれいな（漆塗りの）大きな桶

漆器類はみな日本人との交易で手に入れたものである。なかには金蒔絵をあしらった耳盥（テッコロパッチ）や、金箔で定紋を入れたシントコもあり、朱や金の華やかな色彩と漆器特有の光沢を珍重して、特別の儀式や上客のために使い、家の宝、財産としていた。アイヌが漆器を喜ぶのを知った商人たちは、使い古したものやわざわざ交易用に作った粗悪品と引き換えに、アイヌが山や海で危険を冒して獲った大量の熊や鹿、鮭、昆布などを、ただ同然に受け取ってもうけた。

人の呼び方は、父系母系、親しさの度合、年齢などによって、こまかく区別されている。

アチャボ　お父さん　一字違いの「アヤボ」は、「あらァ」という感嘆詞。

ハボ　お母さん

ポンネエカチ　生まれたばかりの人　赤ちゃん

ポンオクネエカチ　歩きはじめたころの男の子「ポンネエカチ」より大きい段階の子。

いずれ夫（オク）になるべき小さな人。
ポンマツネエカチ　右と同じくらいの女の子　いずれ妻（マツ）になるべき小さな人。
エカッタラ　七〜十三歳ぐらいの子供（男女とも）
エカチ　人間一般　子供が生まれたことを「新しいエカチが生まれた」と表現する。
クル　男性　一人前に働けるようになった青年、壮年の男。
アイヌ　人間「エカチ」「クル」を含めた広い意味の人間。
ク　私（一人称）
エ　お前（二人称）
「ク」が促音「クッ」となると、帯のことである。
ココルフチ　うちのばあちゃん　祖母　トキさんの発音では、「クコルチ」→「コルチ」と聞えた。「コル」は「持つ」。
クコルユポ　うちの兄
クコルサポ　うちの姉
クツレシ　兄からみた妹

クマタキ　姉からみた妹
クアキ　私の弟
エカシ　おじいさん
フチ　おばあさん
ココラチャ　（うちの）伯（叔）父
ココンナルベ　（うちの）伯（叔）母
ナアプイノアン　独身者（男女とも）
アカルク　甥
アマッカルク　姪
アミッポ　孫（男女とも）
イレスサポ　養い姉
イレスハボ　養母

育児は女の仕事だったから、養父（兄）という言葉は合成はできても、実際にはあり得ず、使われなかった。養育（イレス）は、食べさせたり着せたりする具体的な世話を指し、法律上の義理の養父母という概念はなかった。トキさんは養母の夫、実母の夫に、「私の義理のお父さん、養父」という感じ方をしていない。

アウンユボ　となりの（よく知っている）おじさん

アウンサボ　（右と同じく）おばさん

アヌンユボ　親しいが遠く離れてくらしている（遠くからやってきた）おじさん

アヌンサボ　（右と同じく）おばさん

ウナルベ　よそのおばさん　ほとんど馴染みのない（知らない）おばさん

シーサン　（＝シサム）隣国の人　俗に「シャモ」と発音して日本人を指す。

レブンクル　海を渡ってきた他国の人　日本人以外の異民族ではないかと、トキさんは言った。

メノコ　未婚の女性　娘　結婚するまでの若い女

ポンメノコ　きれいな少女

ピリカメノコ　評判のよい娘

カッケマツ　結婚した女性　奥さま

チャウェトク　人格者　能力も信望もある人

ニシバ　金持　旦那さま　富や権力をもった人　傲慢な日本人の親方や役人や商人

に奉る皮肉な尊称でもあった。主従、上下の関係で使われた。

動植物の名は、人間と直接の利害関係をもつものに限ってつけられた。何の役にも立たず害にもならないものには名前がついていない。

チライムン　チライ（いとう）が漁れるころ咲く花　春を告げる福寿草　この花を見て、人々は長い冬から解放される喜びを感じた（「チライ」は「うぐい」という説もある）。

ツレップ　ウバユリ　この根からとる澱粉がアイヌの代表的な主食であった。一番粉は根の白くてよい部分からとって病人用にし、青みのある茎に近い部分の混じる二番粉は常食にした。採れた澱粉は、掌の大きさに平たく丸め、真中に穴をあけて縄に通し、吊して乾燥させる。食べるときは小さな団子にし、山菜や肉と一緒に煮た。

トキさんはこれを主食にして育ったのだが、もっと若い昭和の初めに生まれた人も、住む土地によっては子供のころの主食にしていた。「おれはウバユリ団子を食って大きくなったんだ。シャモなんかとちがってアイヌの魂もってるんだぞ」という言葉を私は聞いたことがある。
エハ　土豆　蔓草の根にできる大豆に似たおいしい食物
コロコニ　蕗
ムケカシ　葉をおひたしにして食べる草　干して冬の食料にした。茎を切ると乳が出て、根は繊維の多い生姜に似る。葉だけ食べた。
ムッ　ムケカシに似た草　花を食べる。
ウクリキナ　野地《やち》の草でセロリのような臭味があり、おいしくない。紫の花をつけ、茎は白くて太い。
ブクサ（＝キトピロ）　行者にんにく　俗にアイヌ葱といっている。根元の白い、濃緑のスズランに似た広葉の草。春にたくさん採れる山菜でスンム（脂）とよく合う。細かく刻んで乾燥させて保存する。
アユサマム（＝アユス　アマム）　粟
アマム　穀類
サユ　重湯
ニ　木　薪

ニアルフ　木の寄生植物　澱粉を僅かに含んでいるので「いよいよ食べるものがない時には、よく煮てアクとってから食べるけど、ふつうは見向きもしない」備荒食料である。
ニヌンム　胡桃
ニウェオ　栗鼠　木から木へ跳んで歩く動物。
アソビウ　オヒョウ（ニレ科の木）の内皮を細く裂いたもの
アツ　「アソビウ」を撚った糸
アッツシ　「アツ」で織った布　またはそれで作った着物　縦糸に木綿糸を使ったものがアッツシだと、トキさんは言っている。オヒョウが少なくなったので、もうアッツシも見られなくなった。
ヤッシ（＝ヤラ　アッツシ）縦糸横糸とも「アツ」を使った布または着物
クベルケプ　シナの木（の内皮）いまアッツシといっているのはこれを使ったもので、大半が観光土産の民芸品として織られている。
オンクベルケプ　クベルケプをしなやかな糸にしたもの　背負縄などはこれで作った。

オン（カ）　腐らせること　木の内皮を泥水に浸してなめすこと。こうして糸や紐を作った。
シケルベ　シコロの実　煎じて胃の薬にした。苦い。
シケルベニ　シコロの木
ハットブンカル　山葡萄の蔓　丈夫なので、家の骨組を縛る縄として使った。現在なら釘を使うところをこの蔓で結んだ。夏のはきもの（シッケレ）は、これを爪籠《つまご》のように編んだものである。
チカップ　鳥
トイタチカップ　畑を耕す（トイタ）季節を知らせる鳥　山鳩
カッコウカムイ　郭公鳥
チビヤカムイ　春を知らせる鳥神様「チビーヤ　クックッ」という啼声から名づけられた鳥。
アマムエポンチカップ　雀　穀物（アマム）を食べにくる小（ポン）鳥（チカップ）
コタンコロカムイ　コタンを守る梟神　不気味な啼き声で、夜の魔物からコタンを守ってくれると信じられていた。

サラオルンカムイ　葭（サラ）の生い繁った湿原に住む鶴神様

サチリカムイ　真白のきれいな小鳥

ウォルンチカップ　川（ウォル）に住む鳥　鴨

アベイッンベ　白い小さな蛾　これが飛びこんだお汁は、（鱗粉が）毒になるので飲むなといわれた。白い生物や突然変異で白くなったものは尊ばれたが、蛾は嫌われた。

パスクル　鳥　釧路に近い海岸に、海水が閉じこめられたパスクル沼というのがあるが、沼の魚を狙って鳥が群れ集まるところから名づけられた。

ポンエペレ　生まれたばかりの小さな熊

エペレ　仔熊

キムンカムイ　大きな熊　山（キムン）の神

マチネカムイ　雌の熊神

ピンネカムイ　雄の熊神

人間に与える利益と危害が熊ほど大きい生物はなく、呼び名をいくつもつけて大切に扱い畏怖した。

ケマコシネカムイ（＝チロンノップ）狐

タンネカムイ　長い（タンネ）神　蛇

オロケウカムイ　狼

ユク　鹿

アップカ　年とった鹿

メマンベ　牝鹿

ユッルス　鹿（ユク）の毛皮（ルス）　それで作った丈長の上衣やチョッキなども指す。

シタルス　犬（シタ）の毛皮（ルス）　それで作った衣類

トキさんは犬（シタ）を「ミンタルウンカムイ」「レエップカムイ」とも言うと話していたが、犬には「カムイ」をつけなかったという説が強い。

アッフ　鹿の腹の柔かい皮で作った紐　わかん（チンル）などに使う。

チンル　長く大きな瓢箪型のわかん

テスマ　「チンル」より小さい長円形のわかん

ケレ（＝ケリ）冬のはきもの　馬、鹿、鮭などの皮で作ったもの。
シッケレ　夏（シク）のはきもの
ケロルンベ　「ケレ」の内側に重ねて履く靴下のようなもの　唐黍の皮などで編んだ。

暮しに必要なものは、自然の中にあるものを少し加工しただけで使っていた。それだけ物を作る手足の機能や材料を見分ける感覚が鍛えられ、危険の多い狩猟の道具を作る時は細かな工夫が凝らされた。
スボ　刀や矢を容れる木の容器　いつでもすぐ取り出せるように工夫されていた。
ク　弓
アイ　矢
エムシ　刀
マキリ　小刀
チップ　丸木舟　刈り取った葭などを運ぶのにも使った。
チェプ　魚「チップ」と間違いやすい。

オツワッキ　うぐい（福寿草のところで触れたように「チライ」という説もある）
カムイチェプ　鮭　遡上する数が少ない上流のコタンでは貴重な魚だったから「カムイチェプ」と、トキさんは言う。地方によっては、鮭以外のものを呼ぶこともある。数が少ないから「カムイ」（神）をつけるとは、一概にいえないようだ。
クプカ　鍬
ケム　針
マタンプシ　鉢巻
ホス　脚絆
コンチ　垂のついた防寒用の帽子
マイダリ　前垂（日本語と同じ）
次に地形、地名をいくつか見ることにする。
ベツ　川
ナイ　沢　「ベツ」より細い流れ。
ヌプリ　山　生活の山（キムン）に対して、山の連なり、山容、〇〇岳（山）という場合に使う（日高山脈の「カムイヌプリ」「アトサヌプリ」など）。

トー　沼

イオル　生活圏　コタンが自給自足していけるだけの広い範囲　この言葉をトキさんは挙げなかったが、たびたび本で見かけるので加えた。アイヌ語に詳しい人によれば、日高にはあるが十勝では使われないということである。

ケナスパ　雑木や灌木に覆われた低湿地　こんもりした木原《きわら》で、鹿、兎など弱小動物の生息地。そこは狼が出没するので、人間は狼の吠え方で立去ったことがわかるとすぐ飛び出し、残された獲物を持ち帰る。狼のお裾分けにあずかることになっていた。

どうして狼より先に獲ってはいけないのかと私が何気なく尋ねると、トキさんは血相を変えた。

「なにィ？　だれがそんなこと！　とんでもない、アイヌはケナスパで生きているものを自分では殺さないんだよ」

ケナスパの猟は狼と切り離せない。狼の去った後なら人間が襲われる心配もなく、新鮮な獲物をほとんど素手で獲ることができる。それは狼神のおかげであって、人間が先回りするなどとんでもないということだった。養母にケナスパの話を聞いたころ狼は絶滅していたはずだが、カムイに対する畏怖の念はトキさんの心に受け継がれていたのである。

明治のはじめごろの記録では、帯広市の東約二十キロのいまの池田市の辺りを「ケナスパ」という地名で呼んでいる。養母が育ったコタンは、そこから直線距離で十キロほどのところである。車も建物も騒音も、人為的なものは何もなかった当時の十勝原野と、アイヌの人たちの鋭い聴覚とを想像すると、音の届く範囲はいまとは比べものにならないほど広く、微妙に聞きわけられたにちがいない。あるいはそこが養母の話す「ケナスパ」だったかもしれない。

ウフイビラ　燃える（ウフイ）崖（ビラ）　その向うにいつも噴煙が上っている崖。

「崖が燃えていたというのではないんだよ」

ニカルアスビラ　梯子（ニカラ、あるいはニカル）をかけて登る（アス）崖　十勝アイヌの伝説に基づいてつけられた地名である。ある冬、十勝へ攻めこんだ釧路アイヌの一隊は、敗走してこの崖下の谷へ落ちてしまったと見せかけ、梯子をよじ登って無事に釧路へ帰り着いた。雪につけられた彼らのわかんの跡が谷に向いていた（わざと逆に履いていた）のを見て追うのを止めた十勝勢は、崖にかかった梯子に後で気づき、だまされたと知って口惜しがった。釧路側からみれば崖の形も戦いの評価もちがい、別の伝説や名前が伝えられているのだろう。

ユクオラッツナイ　鹿（ユク）の集まる沢

ソコヌスナイ　ごちゃごちゃした雑木の生えている低地を流れる沢

フラッツナイ　奥（上流）の方で臭いのする沢　トキさんの住んでいる辺りの地名である。この名は、養母が十四、五歳のころ起った鹿の大量死と関係がありそうに思われる。

明治十二（一八七九）年の冬は豪雪のために十勝で鹿の大群が飢え死にし、利別川上流を埋めつくした。夏になるとそれが腐り、下流では川の水が使えない状態が長く続いた。北海道の開発が性急に進められたために、急増した移住者（明治二年の約二千人が同十五年には五千人強）の中には、性能のよい鉄砲で密猟する者が多く、鹿は乱獲された。開発と鉄砲によって棲息地を追われた鹿の群は、より安全な場所を求めて十勝の山野へ移動したところをその年の豪雪でやられたわけで、これは人為的な災害といわれている。

自然の災害をたびたび経験してきたアイヌの人たちにとって、これはかつてない異常な出来事だった。下流にある養母たちのコタンでは鹿が激減したために食糧不足に陥ったうえ、飲水にも困るという生命に関わる危険に晒され、その時の恐怖はみんなの頭に焼きつけられた。以来、「臭いのする沢」と呼ぶようになったのではないかと思う。

天候や気象も生物と同じようにあるがままを認め、人間の利害に直接関係のある現象にはさまざまの表現が使われている。

ツップカムイ　太陽
クンネツップカムイ　月（黒い太陽）
ノチュウ　星
レラ　風
ニッシ　雲
ルイ　雨
ウパスルイ　雪
タスコル　霜

ウラル　霧

ユールクル　にわか雨（雪）　冬が近い季節の天候　黒雲が拡がったと思う間もなく雨（雪）がぱらつく困った空模様。

これがくると、干した薪や食料を急いで取り込まなければ冬が越せなくなるという緊迫した空気が流れた。「みんなその時は必死なんだ。でも、すぐ止んで太陽さんが出るんだから、がっかりするよ」

「ニッシ　アンクス　ウバスルイ　ナンコルクス　トオノン　エ　ウマル（曇って雪雲だよ、だから、お前、片づけろ）」

養母は、ユールクルの気配を誰よりも早く感づき、いつもこんな風に大声で叫んだ。暮しに響く空模様には、みんなで最大の関心を払った。トキさんによれば次のようである。

「タンド　ニッシ　アン（今日は曇りだ）」

「ウバスルイ　ナンコル　ルネーナ（雪降るかもしらんなあ）」

「タンド　シンルブスマ　アン　ア（今日は凍《し》ばれるねえ）」

「ツップ　アフンル　ピリカ　ルアン　ニサッタ　シリピリカ（太陽さん、入るのがとってもきれいだから、明日はよい天気だ）」

「カムイ　ルイ　フマン（雨が強いなあ）」

「カムイ　フム　ユッケ　フマン（雷の音がひどい）」フムは音、ここでは雷を指す。

雷を「カンナカムイ」ともいう。

「タンド　シリ　ボッケ　マ　アン　ア（今日は暑いねえ）」

「シリ　ボッケ（暑い）」ボッは煮え立っている状態。「ス　ボップ　ヤー（鍋は煮立っているか）」という場合にも使う。

ボッケ　ぼこぼこ煮立っている場所　泥火山　温泉地で見られる高温の湯の湧き出す泥地で、阿寒湖畔では地名になっている。

セセック　熱い　知床半島のラウス側にある「セセキ温泉」は「セセック」から名づけられた。

セセック　ワッカ　熱い湯
ヤム　ワッカ　冷たい水　帯広市と池田市の中程にある幕別町内の地名、止若《やむわっか》は、この意である。

テーダ　昔（の）　トキさんは発音に厳しく「テ、ダ、でないよ、テー、エー、ダ、テーダだよ」と言った。

この辺から項目にとらわれずに思いつくまま、動詞、形容詞を混えて単語を拾うことにした。

トノト　酒　トノト　イク　ヤ（酒飲むか）
イホシキ　酔う
ワッカ　イク　水を飲む
イベ　食べる
ケラアン　おいしい
シヌン　生きる
エカチ　アン　人が生まれる
ライ　死ぬ　ライ　ヤカエ（死んだそうだ）　ライ　オマン（死んでいった）
コ　穴　墓穴
バラバラ　子供の泣き声（擬音）
チシ　（大人が）泣く

エミナ　ルアン（お前が）笑っている
クミナ　私が笑う
イルスカ　怒る　イシリクラン　イルスカ　カスバ　アワン（いやいや、あの人大変怒っている）
ヌカラ　見る
ホッケ　寝る　ホッケ　ワ　モコロ（寝て眠れ）
イフンケ　子守歌　トキさんが子供をあやすようにして歌った子守歌は、次のような歌詞だった。

どこから　眠りがくるの
天から降りて　授かるもの
それが　眠りだよ
　ネーネー

チカルカル　すくう　刺繍する
ヌエ　描く　彫る「シヌエ」は入墨。
色彩を表す言葉は少ない。自然現象や動植物のもつ色を宗教的な吉凶で区別することはあったが、白や黒が主であり、色そのものを抽象的に取上げたり、何種類もの顔料を作ったりする必要や要求はほとんどなかった。

レタル　白い　レタル　シタ（白い犬）

フレ　赤い　フレップ（赤い実）

私はトキさんに教わるまで「フレップ」をコケモモの実のことだと思っていたが、特定のものを指すのではなく、赤い実一般を指すということだった。夕焼朝焼で赤く染まった空の色も「フレ」である。

クンネ　黒い　暗い　シリ　クンネ（闇夜）「シリ」とは「どういえばいいか、まあ、空気のようなもののことだ」

白、赤、黒につづいて青をあらわす言葉になると、トキさんは考えこんだ。低い声でリズミカルにアイヌ語を呟き、めざす単語が現れてくるにちがいないと期待している様子だったが、やがて言った。

「あおい（緑の）色というと、シュウニングらいしか思いつかないなあ。夏の草が勢よく青々と繁っているという言葉なんだ。ちょっとちがうかもしれないけど、青（緑）を表すアイヌ語は他に見当たらないから、これがいちばん近いと思うよ」

ポン　小さい

ポロ　大きい　先に書いたが、人間の場合は「オンネ」　オンネ　ルアン（人間が大きい）

ウエン　悪い　意地が悪い　ル　ウエン（道が悪い）

タツネ　短い

パセ　重い

コスネ　軽い

ルサ　四角い　平べったい　ルサ　シントコ（葭で編んだ桶型の容器）

エエンル　尖っている

エエンカ　尖らす

エエン　切れる

カスマ　足す　加える　シネビ　カスマ　ワンペ（1たす10）

アナシ　建てる　チセ　アナシ　アス（家が建ててある）

トキさんは「アナシ」と「アス」のちがいについて、前者は「……を建てる」（他動詞）、後者は「建っている（状態）」（自動詞）であることを、自動詞・他動詞という言葉は使わなかったが、区別して説明した。

イオマンテ　熊おくり

チロシ　花矢（イオマンテに使う）

トキさんは、「エエンカ（尖らせる）」から「チロシ」を連想し、そこから「イオマンテ」の話に移ったが、その話に熱中して、とうとうその晩は「イオマンテ」のことだけで時間が過ぎた。八歳のころ養母に連れられて遠くのコタンへ行き、そこで本格的に行われた「イオマンテ」の一部始終を見たときの興奮が甦り、話し続けずにはいられなかったのである。

チロシは川柳の木で作り、羽の部分を赤や黒で彩色して彫模様をつけた装飾的な「イオマンテ」用の矢で、川柳の木の白さと鮮かな黒と赤の配色が美しいので花矢といわれている。大人が本物の矢で熊を射るのだが、その前に子供たちが花矢を熊に投げるのである。

「小さい子供たちにもチロシを投げさせるんだ。まあ、遊びのようなものだから熊はなんも痛くないの。チロシを投げる前には笹の葉で作ったタクサを熊の顔の前で振って、熊の気持を鎮めておくんだ。これは大人がするの」

「タクサ」は熊笹の葉を何枚も重ね、柄のところで縛って扇状に拡げたもので、これを御幣のように振ってお祓いをするのである。

チロシやタクサを使うほかに、昔から決まったさまざまの手順、しきたりを経たのち、熊は解体され頭骨は祭壇に祀られる。豊猟を祈る最も重要な儀式であるイオマンテは、何日も前から、男たちは必要な何種類もの祭具を作り、女たちはお供えや客をもてなすためのたくさんの御馳走を作って、コタンの全員がひとつにまとまり共同作業をする機会でもある。後祭では、大鍋で煮た熊の肉のお汁を囲み、主客みんなの賑やかな宴会が催される。

トキさんは自分で自分の言葉に煽られるように、覚えている限りのあれもこれもを話した。たとえば、とくに招いた遠来の長老を迎えるときは、客も主人も古来の一定の型で動く。「テレビに出る歌舞伎とそっくりなんだよ」。主人は家の中を掃き清め、炉の周りに客用のきれいな敷物を敷いて待つ。客は入口の少し手前で一旦立止まって「オッホン」と、前触れの大きな咳払いをし、ちょっと間合をとってからおもむろに姿を現す。客と主人は対座すると、型どおりに礼儀正しく心のこもった挨拶を交わし合い、そのあと、くつろいだ歓談と酒肴のもてなしに移るという次第である。

「いつもはこんなことしないんだよ。特別のお祭か何かの時だけで滅多にないことなんだ。熊おくりの時は、遠くから立派なエカシ（長老）を招んでそうやって迎えるの。私がほんとうの熊おくりを見たのはその時だけで、それが最後でなかったかと思うよ。たしかその後は、熊おくりができなくなったはずなんだ」

公衆の面前で熊を殺すところを見せるのは残酷だからよくないという世論が高まり、やがて事実上禁止されたころのことを、トキさんは言っている。その後は「イオマンテ」と称していても、ほんとうのものではないということである。熊の霊は頭骨になって生き続け、お供えの御馳走を土産に神々の国へ帰り、人間から受けたもてなしを報告する。そうすれば神様はまた熊をよこし、熊も喜んで人間の食料になりにきてくれる。その肝腎の熊を殺す部分が省かれたのでは「イオマンテ」とは言えないのである。

イオマンテは、熊の再生を信じて熊神を祀る厳粛な行事であって、アイヌにとっては、「殺す」ことにはならない。トキさんの口から一度も「殺す」とか「死なせる」とかいった言葉は出ず、解体の具体的な描写もされなかったが、それは熊神に対する理屈をこえた畏怖心、宗教的な感性からきているのだろう。先に触れた「ケナスパ」の狼神に対する気持と通じる自然観、信仰心が、ここにも現れている。

「イオマンテ」の話に熱中して、その夜はすっかり夜更かしをしてしまった。翌朝、文子さんが息せき切って入ってくるなり、

「変ったことなかったかい。昨夜おそくまで灯がついていたから、何かあったかと思って心配したんだ。トイレに起きた時気がついたんだから、もう十二時すぎてたんだよ。そんな遅くまで何してたのさ。そのあと見たら暗くなってたから少しは安心したけど、気になって眠れなかったんだ。母さんがどうかしたかと思って心配したさ」と一気に喋った。

トキさんはどんなに話に熱中していても、寝る時間がくると途中で打ち切ることにしていたが、その夜だけはいつものカンが働かなかったのか、「イオマンテ」という言葉によって喚び起された情景や敬虔な興奮が勝ったのか、時間を忘れていた。あるいは、カムイを冒瀆するとでも思ったのだろうか。見えない力に促されるように目を輝かせて語り続けたのである。

夜が更けるにつれて気温は加速度的に下り、ストーブの熱が刻々に弱くなっていく

のを感じはじめたころ、トキさんはようやく我に返って「あれ、もうこんな時間かい。大変だ」と叫んだ。それから大慌てで後片づけをしながら「いいから灯を消して。こんな夜中まで起きてるところを誰かに見られたら、何してるかと変に思われるべ」などと早口で呟いていた。

文子さんが朝早く何のために来たのか、トキさんには聞かなくてもわかっていた。「何でもない。話していただけだ」と言うと、あとは横を向いて、文子さんが喋り終えるまで無表情に黙っていた。夜更かしをした後ろめたさと、娘の心配が煩わしくもうれしくもあるといった気持が入り混った表情で、内心は落着かない様子だった。

トキさんの宗教的な禁忌は、日常の何気ない場面でも時たま噴き出した。たとえば、火の神（アペフチカムイ）に対する信仰である。この家のごみは空部屋の薪ストーブで燃やすことになっていたが、あるとき、私が燃やそうとした紙屑のなかに洟紙があるのを見たトキさんは、いきなり大声を出した。

「こんな汚いもの、ストーブに入れるもんでないんだよ。野菜の屑と一緒に畑に投げればいいんだ」

わざわざ茶の間からその部屋まで出てきて、後に立って見ていたのは、よほど気になったからだろう。汚いから燃やすというのではなく、燃やしてはいけないと言われて、私は戸惑ったが、きっと火の神に関わる禁忌に触れたからにちがいないと思った。トキさんは、後で気を取りなおしたのか静かな口調で、腐らないものだけをストーブで燃やすもんだよ、ビニールのような腐らないものを畑に捨てれば、作物の芽が出るのを邪魔するから困るでしょうと言ったが、それでは汚いかどうかの基準はどうなのか、説明がつかない。おそらくトキさん自身にも合理的に説明できない、禁忌を畏れる気持がとっさに働いたのだろう。神聖な火を汚してはならないという、かつての炉に対するのと同じ気持を薪ストーブの火に感じたからにちがいない。

狩漁猟を主にしていた時代の暮しでは、身の回りにあるものの種類も数も少なく、どれが汚いかの区別は簡単にできて、感覚も鋭く働いたのだろう。聖と穢の区別は、現代の農家の生活ではあいまいになり、その必然性は薄れている。

また、トキさんは洗濯のすすぎ水のことで「ここは水道管が埋まっているから、汚い水を捨てたら駄目なんだよ」と、戸口まで出てきてむずかしい顔をしたことがある。これは、水に関する禁忌に関係があるのではないかと思うが、どうだったろうか。

ある時は、神棚のイナウ（幣）のことで、トキさんの感情を昂ぶらせてしまった。その日は娘の文子さんがイナウに刻まれたイトッパ（祖印）を調べにきていたので、気を利かせたつもりで「神棚から下ろしましょうか」と言った途端、トキさんは「大切な神様のものを誰彼なしに触ってもらったら困るんだ！　勝手に触れるもんでないんだよ。文子、おまえ取れ」と、すさまじい剣幕で言った。

イナウが神聖なものだとは知っていたが、これほど激しい言葉を浴びせられるとは思わなかった。観光地で商品と並べて飾られ、無数の手で汚されていたイナウを見馴れていたからかもしれない。

文子さんは別に驚きもせず、出窓に足をかけた不安定な恰好でイナウを下ろし、「いつもそんな言い方するから、かあさん嫌われるんでしょう」と、あっさり言った。それからイトッパの形を慎重に紙に描きとり、「これがうちの家紋だよね。ちょっと要ることがあるんだ」と、急いで帰っていった。

そのイナウはこの家にある唯一のアイヌ固有のものであり、トキさんの信仰の拠りどころになっている。それ以外は他の農家と変らない家財道具が揃えられ、かつて戸外に設けられていたヌササン（祭壇）は何十年か前に除かれて市販の神棚に代ったが、イナウを神聖視するトキさんの心は変っていない。色焼けした小さなイナウは、アイヌの神と歴史をトキさんに感じさせるかけがえのないものなのである。

私には唐突と思えるトキさんのこれらの反応は、単なる生活習慣のちがいというより、習慣と結びついたアイヌ固有の宗教的感応にちがいない。イナウのように、それ自体が信仰の対象として作られたものの場合はそれがはっきりしているが、火や水や土のような自然物の場合は、トキさんがそこにどの程度「神」を感じたのか、客観的には説明できない。推測するだけだが、それまでに会った何人ものアイヌの老人の印象と考え合わせると、それほど見当外れではないと思う。

単語の書き取りをし、トキさんの話を聞いている間も、昼間何気なく過していると きも、私はその宗教的感応ということを頭において理解しようと努めた。火や水や土に対する感動をほとんど忘れたいまの人間と比べて、トキさんの感性にはそれらを受け容れる豊かさがまだ失われていない。

アイヌ語の世界（Ⅱ）

トキさんはいまでも夢のなかではアイヌ語を使い、教えられたり力づけられたりしている。

「私の夢はアイヌ語でないと解けないんだ。いろいろな昔のお話を知っていないと、夢が何を表しているかわからないんだよ。白い犬が夢に出てきて、命を助けてくれたことがあるんだ」

それは、畑と育児と家畜の世話に追われていたころ、高熱を出して寝込んでしまったときに見た夢である。夕暮れの道を一人急ぎ足に歩いていると、急に白い犬が向かってきて激しく吠えたて、足先にからみつくようにして先へ行かせまいとした。暗くなるまでに向うの黒々とした森へ行き着かなければならないという気の焦りと、犬の恐しさとで思わず大声をあげ、その声で目が覚めて夢であることに気がついた。

死を意味する黒い森へ近づこうとしていたところを、アイヌの神様が白い犬の姿で現れて助けてくれたと、トキさんは夢解きしている。そのときびっしょり汗をかいたのがよかったのか熱は引き、間もなく起きて働けるようになった。

「白い犬に遇わなかったら、私はこうして生きていなかったんだよ。アイヌの神様が守ってくれたんだ。犬は大事にするもんだよ」

トキさんは、それから「サマイクル」とお供の犬の話をした。

「サマイクルは、シャモの義経のことだってコルチが言っていたよ。十二匹の犬と山で暮して猟をしていたんだと。山歩きするときは六匹だけ連れて、あとは獲った肉の番をさせておくんだ。肉は日当りのよい崖に葡萄蔓で吊して干肉にするから、犬をその傍に置いて番させるんだけど、利口だから勝手に肉を食べたりしないんだよ」

この辺りで目立つ山といえば、本別町の東にある二九〇メートルの義経山である。トキさんの話では、昔「サマイクルカムイの山」といわれていた。

「人間にしては偉いと思ったから、昔の人はカムイをつけたんでないかい。でも、サマイクルがどんな人間か、だれも見たことも聞いたこともないから、鹿とってくれた狼のことでないだろうか、よくわからんなあ。義経は義経で国へ帰ってしまったとも言うし、後に犬だけ残ってアイヌを助けたという話もあるんだ。鹿の肉があると、吠えてアイヌに教えたっていうよ。その声を聞くと、夏なら肉が腐るから、みんな急いで取りに行ったんだと」

この犬たちは「ケナスパ」の狼と同じように、遠吠えで獲物を人間に知らせている。その姿をだれも見たことはないので、サマイクルが狼か犬か何であっても、人間に食料（肉）を届けてくれる点では同じカムイである。トキさんは真面目な顔で「山の中をサマヨウからサマイクルというんでないの」と、言っていた。

「サマイクル」は、狩猟に生きていたアイヌの男たちの姿とも重なる。

「マタギに行くときは、犬を三匹は連れて歩いたものなんだ。一匹はソリに積んだ肉のバンペ（番兵）させるの。目の前に肉があっても絶対食わないで待ってるよ、賢いんだから。うちのシロでも、私が出るとき、バンペしてなさいッと言うと、帰るまでちゃんと留守番してるんだ。利口な犬だよ」

猟をする男たちの大切な仲間であった時代の犬と同じように、トキさんはシロと対等につきあっている。鎖につながれたまま氷の床で暮しているシロには、猟犬として山を駆け回る機会は決して来ないのだが、そのことは別にトキさんには気にならないようで、いまはおいしい餌を心をこめて作ることが、シロに対する友情である。

「犬と人とは気味悪いくらい心が通じるんだ。だから、私はいつだって犬きらさんの。シロのまえにいた犬も利口だったんだよ。たまに人を噛むこともあるけど、助けてくれる方が多いんだ。浜で遠吠えしたら必ず海で悪いことが起っているの。遭難した人を犬が見つけて、助かったことがあるんだ。だから、犬は大事にするもんだよ」

もし妊娠した犬が死んだら、腹の仔を出して親子別々に埋めるしきたりになっていた。

「ふたつの魂を一緒に埋めるもんではないんだって、昔、年寄りから聞いたことがあるんだ」

トキさんは声をひそめ、だれもいるはずはないのに、そっと辺りをうかがいながらこの話をした。死について語ることを忌む気持がそうさせるのか、あるいは、死んだ犬から仔を取り出すというあまり快くない場面も、手厚く葬るための必要な儀式と見て宗教的な感動をよびさまされたのかよくわからないが、私もつられて小声になっていた。

トキさんは自分の話が単語の説明から外れているのに気づいて苦笑することがあったが、むしろ、それが大きな楽しみでもあったのである。

「話し相手がいて、ときどきわからないところをそうしてきいてもらうと、いままですっかり忘れていたことも思い出すから助かるよ。こういうことがあった、あれはこうだったって、いろんなことがはっきりして、不思議なようだ」

トキさんは語ることによって鮮かに浮かび上がる養母との日々に浸り、その世界の住人になりきっていた。夕食がすんで話しはじめると、いつも、表情にも口調にも他の時間には見られない生気がみなぎり、私は圧倒された。

お互いに、はじめのうちは必要なこと以外喋らず気を張っていたが、数日たつと、トキさんはこんなことを言った。

「私は、なよなよしたお上品な話し方できないんだ。大きな怒鳴るような声で話すって人にも言われるけど、ばあちゃんがそうだったんだよ。一緒に暮しているとしらない間にうつっているんだねえ。自分でもばあちゃんと同じ喋り方しているのに気がついて、おかしくなることあるよ。これはもう直らないねえ」

トキさんは、自分の話し方が相手に強く響くのを知っているので、それとなく説明したのである。言訳めいたところのないのは、いかにもトキさんらしい。話し相手がいると助かると言ったのも、口に出せる精いっぱいの気持の表れであって、相手の感情に凭れかかる言回しは照れくさくて使えないのだった。

日を追って私的な話も出るようになると、お互いの気持がほぐれ口述筆記も滑らかに運び、時間が短く感じられるようになった。最初の日にトキさんは「十日もしたら話すことなくなるべ」と言っていたが、実際に始めてみると話が話を呼び、予定の十日近くなってからむしろ調子が出てきたといってよかった。結果的にはその倍の日数をかけたが、それでも話し尽せるものではなかった。

最後にトキさんは、昔話（ツイタック）の中の、母親から娘、またその娘へと語り伝えるべき話（ウチャシコマ）を語った。これは女の一生の物語で、トキさんのとっておきの話である。

「ツイタック」というのは、石狩、十勝、釧路などで使われ、同じ形のものが日高の西部、胆振などでは「ウエペケレ」と呼ばれている。「ウチャシコマ」はその中の一人称で語られる散文形式の話であり、語り手は物語の主人公と一体になって語る。あらすじは次のとおりである。

私は両親と兄と四人で暮していた。熊、鹿、小さな獣などがたくさん獲れて、何不自由ないゆたかな暮しをしていた。

長い月日がたって、私も大きくなり、娘らしい娘になった。ある日、両親は私を呼び、改まった顔をして「お前は本当の娘ではない。実は息子と結婚させるつもりでもらってきて、育てていたのだ」と言った。

あまりのことに私はびっくりして、涙がポロポロこぼれた。それから何日も考えては泣き、兄と信じていた人と夫婦になるくらいなら死にたいとさえ思ったけれど、どうしようもなかった。

あんなにやさしく大事にしてくれた義理の両親と兄の頼みを断るのは、恩知らずのすることだと、自分に言いきかせた。何日も考えた末にやっと心をきめて、親のいうとおりに義兄と結婚した。

夫はそれまでと変らず、妹のように私を大事にしてくれた。熊も鹿もたくさん獲れて、ゆたかな暮しがつづいた。ところが、結婚して何か月かすると、自分では思い当ることがないのに体の具合が悪くなり、我慢しきれず親に相談した。すると「赤ちゃんができたんだよ」と言って、みんなで喜んでくれた。

私は安心して毎日元気に働いていたが、お腹が目立ちはじめる五か月ごろから、毎晩おなじ夢を見るようになった。小さな箱に入った赤ん坊の私が、だれかの肩に担がれて運ばれていくらしく、揺れているのである。

夫に話すと、一緒に案じてくれて、「何日もおなじ夢ばかり続けて見るのは、何か訳があるにちがいない。両親に話してみよう」と言って出かけた。

二日たっても三日たっても夫は帰って来ず、ようやく七日目の朝帰って来たが、いつもと様子が変っていて暗く沈みこんでいる。理由を尋ねてもろくに答えず、それからは毎日のように親の家へ通っていたが、ある日、暁方帰ってくるなり、思いつめた顔で「これから話すことを落着いてよく聞いてくれ」と、次のように話した。

「お前は、おれたちのコタンと戦争して皆殺しにされたオタスツウンクルの、ただ一人の生き残りだったんだ。勝ったコタン勢が引揚げようとしたとき、赤ん坊が一人生きていることが泣声でわかった。見ると女の子だったから、おれの親が箱に入れて連れて帰った。それがお前だから、夢は本当のことだったんだ。

両親はこのことをおれにも言わないで秘密にしていたが『夢のお告げでとうとう知

られてしまった。やっぱりあの女にはオタスツの魂がある。いずれはこのコタンに仕返しをするにちがいない。生まれる子が男ならその危険は大きい。いまのうちにお前の手であの女を亡い者にしてしまえ』、そう言ってひどく恐れている。おれは毎日毎日説得しようとしたが、両親は頑として聞き入れない。

そんなことがどうしておれにできよう。お前もお腹の子供も、どうにかして生きのびさせてやりたい。いろいろ考えた末、お前を遠くへ逃がして、親には死んだということにした。さあ、これから急いで二人で支度をしよう」

私は驚くひまもなく、団子を作り干肉を集め、身の回りの品や道具を揃えて、当分ひとりで暮せるだけの準備をした。人に見られると大変なので、夜の明けぬうちに夫と二人でそっと家を脱け出し、山の奥へ奥へと歩き続けた。夫が見つけておいたという隠れ場所までいくつ山を越えたか、重い荷物を背負って上ったり下ったりの道中は辛かったが、夫に助けられて夢中で急いだ。

空が白みはじめたころ、やっとその場所へ着いた。大きな滝がかかり、深い滝壺には流れ木が重なり合って、一人なら隠れられるほどの場所が出来ている。夫は先に立って流れ木を平らにし、外から見えないように蔭を作って住みやすくしてくれた。

「かならず迎えに来るから、ここにいなさい。親には、お前がここで身を投げて死んだと言っておく。だれもこないと思うが、くれぐれも気をつけて見つけられないように」

夫はわざとその辺りを元通りに荒し、何度も気をつけるように言って、急いで帰っていった。

それから私は一人で耐えた。だんだんお腹が大きくなり、コタンを出てから六か月ほどしたある日、急に激しい痛みにおそわれて立っていることができなくなった。向うを向いたりこっちを向いたり、歯をくいしばってこらえているうちに、体がすうっと軽くなって赤ちゃんが生まれた。養母に教えられた通りに一人で産後の始末をし、十分手当てをして子供の顔を見ると、夫に生き写しだった。

その数日後、遠くで話声が聞え、足音がこちらへ近づいて来る。両親が見に来たのだ。私は急いで火を消し、子供が泣かないように祈りながら息を殺して様子を窺うと、両親は滝を見上げて話していた。

「あの上から飛びこんだというから、滝壺がこれだけ深くてはとても助からないだろう。息子の言うとおり、嫁はここで身投げしたにちがいない。だが、どうもおかしい、火の匂いがする。でも、こんなところに火の気があるはずはないのだから、きっと気のせいだろう」

そう言うと、両親は安心して帰っていった。

それから何日かして、夫が聞き覚えのある音を立ててやってきた。無事に子供が生まれたのを知って、本当に喜んでくれた。けれども、すぐ不安な表情に変り、場所を移そうと言った。

「両親はここを見て安心して帰って来たが、火の匂いがしたことを気にしていたから、また見に来るにちがいない。一度や二度でなく何回も来て確かめるだろう。ここは危いから、いますぐ一緒にもっと遠くへ行こう」

夫と私は急いで隠れ場所を壊し、人の住んでいた気配が何も残らないように荒してから出発した。私は赤ん坊を背負い、夫はコタンから持ってきた食料や身の回りの品の入った大きな荷を担ぎ、再び山を越え、川沿いに上り、奥へ奥へと進んだ。

やがて平らなところへ出た。夫は「ここがいい、ここに家を建てよう。おれはまだ親を見なければならないから、お前たち二人で待っていてくれ。干魚や干肉をたくさん持ってきたけれど、できるだけ長保ちさせるように、自分でいろいろ採ってきて食べるようにしろ。子供を丈夫に育ててくれよ」と言って帰っていった。

それからは毎日子供を背負って、薪を集め食べられる草を採り、私は精出して働いた。魚や肉は、夫があれだけ言ったものだからと、大事に使うことにした。小さくても笹小屋に住み、子供と外で働けるのは、前の隠れ家のことを思うと、どんなにありがたいかわからなかった。

二、三年がまたたく間にすぎた。ある日、いつもとちがう気配を外に感じて戸口を見ると、夫が立っていた。やっと来てくれた夫の表情がこの前より明るくて、私はほっとした。

「お前も子供も、よく無事で生きていてくれた。お前たちがどうしているか、人に聞くことも自分で見に来ることもできず、ときには、もう生きていないかもしれないと思ったりした。ああ、よくやってくれた」と、夫は子供を抱きしめ、男泣きして私に礼を言った。そして、今日までのことを話してくれた。

「両親は、あれからまた滝へ行ってお前のことを探っていたが、火の匂いも人の気配もしなかったと、すっかり安心していた。それからめっきり老けこみ、とうとう年寄り病にかかって相ついで亡くなった。おれは立派に葬式を出し、殿様でも祀るように両親を休ませてやった。そのあと一年間供養をして、子としての勤めは十分に果たした。もうあのコタンには帰らない、ここに家を建てて、親子そろって仲よく暮そう」

心ならずも離れ離れになっていた私たちは、長い苦労の末、やっと一緒に暮せるようになった。夫は早速家を建てることにして、木を伐ったり草を刈ったり、一所懸命働いた。私も手伝って大きな立派な家が出来た。

一年たつと、二人目の子供が生まれた。それから三年ごとに子供が生まれ、丈夫に育った。子供はだんだん大きくなり、私たち夫婦は年とってきた。

ある日、私は夢を見た。——近いうちにどこからか、若い女がここへ来る。息子の嫁になるために……。夢のとおり、きれいな娘がやって来たので、長男の嫁に迎えた。若い夫婦はすぐ近くに家を建てて分家した。何年かたつと、また娘がやって来たので二番目の息子の嫁にした。その家も近くに建てた。そうして息子たちが次々に嫁をもらい、家を建て、家族は増えてコタンは栄えた。

私と夫はすっかり年とって、おじいさんとおばあさんになった。いままでの出来事を、はじめて子供らに話した。——私は身内を皆殺しにした人に育てられたオタスツの女だけれど、仕返しをしようとは考えず、養ってもらった恩をありがたく思って暮した。私を亡い者にしようとした養父母を怨んだことはなかった。

こうして、よい心をもっていたから、親が敵同士の私たち夫婦は助け合って仲よく暮し、こんなにたくさんの家族に囲まれて一生を送ることができた。「決して悪い根性をもってはいけない。立派な心がけで、人を怨まず仲よくすごしなさい。よい心がけをもたないと、幸せに暮すことはできないのだから」

私は昔の話を子供らに聞かせてやりながら、懇々と教え喩した。おしまい。

トキさんは女主人公になりきっていた。一区切りごとに日本語で説明しては、またアイヌ語の語りを続けるという一定のリズムをもって、情感こめて語った。

語り終えて一息いれると、「いまの話、どう書いたか読んでみれ」と晴れやかな顔でいった。あらすじだけのメモを棒読みしているうちに、トキさんの顔が曇ってくるのがわかった。読み了えるのに十分とかからない短いメモである。

「なんだ、そんなもんかい。まったくシャモ語で聞くと面白くもなんともない、味わいのないカスみたいな話になるんでしょう。娘が知っておく大事な教訓がたくさんあるのに、そういうことも伝わってこない。駄目だねえ。やっぱりアイヌ語で聞かないと、お話のほんとうの意味が解らないんだ」

トキさんは気持が収まらないらしく、感じたままを私にぶつけた。お話を要約して筋を追うだけでは無意味なのである。ひとつひとつの言葉が具体的な裏づけをもち、それらが絡み合うことによって話に拡がりと厚みができる。どの言葉どの一節にも、生きるための教訓や知識が含まれている。

たとえば、夫婦がコタンから脱出する前夜の描写には、ウバユリの粉を搗いて団子にこねるまでの細かい手順が含まれている。隠れ処での出産の場面や毎日の暮しは、実際に役立つよう具体的に語られ、周囲の地形や道順は、はじめてそこへ行く人の道案内にもなるほど詳しく描写される。

また、両親の葬式や供養、結婚、家の建て方など、一生のうちに出遇う大切な行事のほとんどが、その場面での女の心得も含めて語られる。

話の中では一貫して「ヤエシボロレ」（耐えること）が説かれ、それが最も大事な女の美徳とされている。トキさんは自分に言い聞かせるように何度も「ヤエシボロレ」と、感慨をこめて呟いていた。

別のお話では、自分を殺そうとして毒を盛った相手を憎まず、自分が死ぬことで相手の悪い心がよくなるならばと、あえてその毒を服んだ女主人公を通して、無条件の忍耐が説かれる。これは人間の力を超えたものに対する心構えとして教えられたのだろう。

トキさんは養母から聞いたいくつもの「ツイタック」の中で、この「オタスツ」の女の物語がいちばん気に入っている。ほかのものよりも短く、一時間ほどで語れる手ごろさもその理由だが、何よりも女主人公の境遇が自分のことのように感じられるからである。

物語ほど劇的ではないが、大きくなるまで養母とは知らず、年ごろの娘になってから出生の事情を聞かされたこと、養母と実母の立場が、敵対または対立する集団にわかれており、かけ離れた環境にあったこと、これらはほとんど同じである。後半では、家族の暮しが安定して何人もの子供が生まれ、次々に独立したあと、残された親はそれまでの苦労の甲斐あって幸せに老後を送る。この部分は、トキさん自身の結婚後の暮しそのままといってよい。

「ツイタック」は一人称で語るものだから、語り手の経験や情感が自然に入りこみ、最初の形が少しずつ変えられていく。トキさんの語りには、女主人公への共感が深いだけに、そうした部分がかなり含まれている。ここで説かれる「ヤエシボロレ」を思うたびにトキさんは女主人公と一体化し、これまでの自分を支えてきたのである。

昔から伝わる数多くのお話は、アイヌ語の研究者によって細かく分類されている。主人公が神か人か英雄か女か、また、語る内容、目的、形式などで分けると何種類にもなり、それぞれが地域ごとに特色をもっている。トキさんはほんの少しユーカラを話したが、五色の島をめざす海の冒険や闘いなど男を主人公にしたお話は、さきの「ツイタック」とは語り口もちがっていた。ただ、あまりにもきれぎれなのが残念だった。

トキさんには専門の学者の分類とは関わりのない、自分流の解釈があった。

「ウチャシコマ」は、伝説、伝えておく話。

「ツイタック」は、昔話、たとえ話。

「ヤイサマネナ」は、民謡、節。

「サコロベ」は、浪花節のようなもの。専門家の分類では「ユーカラ」のひとつ、英雄詞曲。

「ユーカラ」は「追分だよ」と、次々に明快な答えが返ってきた。

そのあと間もなく、トキさんは急に声の調子を落し、口述筆記を打切るといった。

「これで終りにしよう、アイヌ語の話をするのは止めた。もう絶対何も喋らないからね」

数日前からトキさんの疲れが目立つようになり、そろそろ終えるころだと思っていた。この日まで十数日間、一度休んだだけで毎晩続けて話したのだから、心身の負担は大きかったかと思う。全力を出しきったのである。自分で「終り」と言った途端、緊張が解けたのか、茶の間では姿勢を崩したことがないのにごろりと横になり、目をつぶって息を整えると一語一語押し出すように言った。

「ネウサルモンの娘トキ、明治三十九年五月二十三日生まれ。戸籍でなくほんとうの年だよ。いままで書いたもののおしまいに、そう書いてくれ。ああ、疲れた……」

冬の暮し

トキさんは一人の時間を過不足なく使っていた。三日おきに朝から町の按摩さんへ神経痛の治療を受けに行き、その日は夕方まで留守にした。人に会ったり買物をしたり、治療のほかの用事や楽しみも兼ねて出かけるからで、それが単調な暮しの節目となり、気分転換にもなっていた。

これまで医者にかかったことはなかったのに、この冬はどういうわけか神経痛がひどい。息を詰めて横になったまま、しばらくは身動きもできない激しい痛みにたびたび襲われる。これ以上悪化して他人の世話を受けることにでもなれば神経痛より辛いと、思い切って治療に通うことにしたのである。

外へ出るときは二、三枚多く着こみ、体の前と後にカイロをひとつずつ入れ、私を迎えに出てくれたときと同じ着ぶくれした姿になった。町まではバスで四キロほどしかないが、停留所までの雪道や、一時間に一本あるかないかのバスを待つ間に備えて、十分すぎる厚着をしておかないと、神経痛にはとくによくない。

トキさんは、黒っぽいスカーフを頭にかぶり、大きなハンドバッグを手に提げ、白い長靴をはいて土間に立ち、「行ってくるからね、留守たのむよ」と元気よく声をかけて出る。私は窓越しに、雪の中を遠ざかるトキさんの姿を小さくなるまで見送る。いつもしっかりした足どりであった。

夕方、外の冷えた空気を身につけ上気した顔でトキさんが帰ってくると、茶の間はいつもの部屋らしくなる。吟味して買い揃えた菜っ葉や魚などを並べ、これは明日の分、今夜はこれとこれを使おうと、てきぱきと献立をきめてからやっと落着く。町へ出た日はいつも何か楽しいことがあったように、トキさんの気持が弾んでいた。吹雪と体のこわい（こたえる）日のほかは、決まった日に必ずこうして出かけた。

家にいる日は、わずかな家事のほかはテレビと新聞を見ることが、トキさんの昼間の仕事である。一人の時間ができてからテレビでたくさんの漢字を覚え、いまでは新聞を読むのにそれほど不自由しなくなった。だから、テレビを見るのは字の勉強をすること、即ちトキさんの仕事なのである。

「人が小学校で習うことを、私はいまになって勉強しているんだよ。わからない字は誰にでも聞けば教えてくれるけど、人に頼るのは好きでないから、たまに息子に聞くくらいでテレビ見ていて覚えるんだ。それがいちばん気楽でいい。でも、平仮名や片仮名は書けるけど、漢字は読めても書くのがむずかしい。いまからではもう覚えられないねえ」

トキさんはニュースや内外の取材番組、いまの政治や世相のわかる番組を選び、世の中を知る喜びを味わいながら勉強していた。画面に向かってうなずいたり自分の意見を述べたり感心したり、テレビを対等の話し相手に見立てていた。

娯楽番組で見たいものがあると、なぜ見るのかを私に説明した。たとえば、「だれにだってひいきの俳優がいるでしょう。私の好きなのが出るからこれ見るんだよ」と断ってから時代劇を見る。また、「孫が面白いって言ったから見るんだ。ほんとうのことではないけど、こういうのも気分がさっぱりしていいよ。これは見ることにしてるんだ」と、SFマンガを見る。勉強でなく遊びで見ることにこだわりがあるから、それを自分に納得させているのである。

新聞を見るのも、仕事だから真面目であった。この辺りは家が少ないので、新聞は朝おそく郵便物として届く。トキさんはそれを待ちかねて取ってくると、見開きに拡げた紙面に顔がつくほど体を屈め、隅から隅まで時間をかけて見ることにしていた。わからない字は、テレビでいずれ解けることを期待して頭に入れておく。そうして時間をかけて少しずつ読める字が増えていく喜びを、トキさんは一人になってから自分で見つけたのである。

昼間はお互いに干渉しないで、自分の仕事をすることにした。トキさんは私の仕事を刺繡ときめていたので、その捗り具合を自分のことのように気にかけ、町から帰ったときなどは、真先に「たくさんできたかい。たったこれだけ」と言う。新聞を読もうとすると「こんなもの見ないで仕事しなさい。たくさん作って儲けること考えないと駄目なんだよ」と、断乎として新聞を取り上げる。それは干渉ではなく、私への好意であった。

トキさんは私が刺繡をして暮していることを知人から聞いていたので、こうして励ましてくれたのだが、私としては、口述筆記をするためにここへ来たのであり、昼間はその清書をするのが刺繡以上に必要な仕事と考えていた。そうすれば帰るときに、清書したものをトキさんに渡せると思っていたが、残念なことにそれができなかった。

おかげで刺繡は捗り、ここを引上げる何日も前に材料がなくなったほどである。

トキさんは、テレビを消して静かに考える時間も気に入っていた。その方がテレビを見るより充実していたのかもしれない。昔の思い出やアイヌ語のこと、今日明日のことなどさまざまに思いめぐらしていたはずだが、口に出しては何も言わなかった。

ある日、古い手帖を見ながら珍しく話しかけ、三年前に団体旅行で東京へ行った時の話をした。

出発の日時や帰宅する前後、東京で訪ねた家のたたずまいや部屋の様子など、全体のつながりはよくわからなかったが、きれぎれの部分はおどろくほど克明に話された。しかも小さな手帖は開かれたままで繰られないから、わずか二ページのメモが元になっている。一体どのような書き方なのか知りたくて、私は覗きこもうとした。

すると、「私でないと読めない字で書いてあるから、見たってなにもわからないよ。これは人には見せられないんだ」と、素気なく手帖を閉じた。そのとき、細かい記号がぎっしりページを埋めているのが見えた。記号はトキさんの記憶を引き出す手がかりとして使われているわけで、引き出せるだけの量をトキさんは頭にしまっていることになる。私はその記憶力にいつも感心させられた。

手帖はトキさんの家計簿であり日記である。年に二、三冊の割で使ってきたものが十冊ほどあり、一括りにして大切にしまってあった。古い手帖はたまに楽しみのために見るだけだが、いま使っているものは家計のやりくりに欠かせないメモ帳だから、たえず目を通さなければならないし、それを見るトキさんの表情も厳しくなりがちであった。

暗くなると〝仕事〟の時間は終る。じっと坐ったままでいると闇に目が馴れ、外の雪明りも手伝って、灯をすぐつけなくてもよい。テレビをつけている間は、部屋の灯は要らない。いよいよ物の見分けがつかなくなると電灯をつけるが、トキさんはその前に外へ目をやり「向うの家でつけたから、うちでもつけていいよ」と、うきうきした素振りになる。

どちらが後でつけるか、遅さ競べに勝ったのである。ずっと以前には当り前だった倹約の美徳が、こうしてささやかなゲームの楽しみを加えて生きていた。闇の中の一点の灯は、その家の気風やスイッチをひねった人の感情まで想像させる。向うの家でも、こちらの灯を同じように感じていたにちがいない。

夕食の後片づけをすませると、出入口に鍵をかけ、口述筆記が始まる。

トキさんは、人から遊びか無駄なことをしていると思われないために、また、農家の暮しのリズムを崩さないためにも、昼間はいつもと変ったことをしないように用心した。アイヌ語の口述筆記をしても、暮しには何の足しにもならない。だが、自分にとっては必要で価値があるという矛盾を感じていたのである。

それにしても人目を気にしすぎる。昼間はともかく夜になれば誰も来ないとわかっていながら、戸締まりを確かめないと落着けないのは、アイヌ語の話をするという気負いがトキさんにあり、平静ではいられなかったからである。以前、若いアイヌの女性が、「アイヌ」という言葉を自分で言うことにも耳にすることにも怯えたと話していたが、アイヌはそれほど偏見に囲まれてきた。トキさんの気になる人目とは、自分たちアイヌに向けられる世間の目を指していたのである。

この季節には人の姿はほとんど見ない。出稼ぎで若い人たちはいないし、農村電話があるから近所同士往き来しなくてもすむ。人は少ないけれど、春までの食料を用意して冬ごもりしていたころに比べると、驚くほど便利になり動きやすくなった。店は一年中開いているし、車をもつ身内に頼めば、買物は気軽にできる。

トキさんは暮しが楽になったのをいつも感謝していた。夜、スタンドの灯を消したあとで欠伸まじりの声が、必ずカーテンの向うから聞えた。
「あーあ、こんな暖かいところで寝られるなんて、嘘みたいだ。昔なら考えもしなかったよ。ああ、有難いことだ」

便利な暮しの道具は出来ても冬の厳しさは変らない。朝から晩まで凍結の心配をし、その予防や手当てをすることは、暖かい土地では必要のない余分の負担である。手間暇はかからなくても、たえず気を張っていなければならない。だがトキさんは、いつものことで馴れていた。生物がいればともかく、いまは一人だから楽だという。これまでは生物のいないときがなかった。一時は鶏や山羊や乳牛、馬など何種類も飼っており、餌の心配や世話で一日中休む暇もなく、家を空けることもできなかった。この春最後に残った馬一頭を手放してから、ようやく生物の世話をしなくてもよくなった。一頭でもいれば気になるし、寒い間は餌をやるだけでも一仕事である。

この冬はシロの世話だけだから「夢のように」楽だというが、神経痛がひどくなった。この状態では馬の面倒などとても見きれないから、いいときに手放してよかったと話していたけれど、むしろ暇ができたから体調を崩したともいえるし、馬がいればいたで最小限の世話は頑張ってできたかもしれない。ひとつよいことがあれば、別の難問が現れる。トキさんは楽になる一方ではないのである。

これは暮し全体にも言える。跡継ぎの息子一人では畑を維持できないので労務者を頼む。その労賃をつくるために、冬も休まず出稼ぎをしなければならない。労賃は年々値上げされ、労務者の食事や一服のときに出すおやつの質もよくしないと、仕事の手抜きをされかねない。

トキさんは労賃をまとめて払うときの現金の重みを思い出してか、憤懣やるかたない気持を「労務者」にぶつけていたが、出稼ぎの収入はそれでほとんどなくなるのだから、無理もない。足りない分を借りるが、返せる見通しは立たないのである。

これでは赤字を増やすために働いているようなものだから、近いうちに農家を辞めるつもりだと、トキさんは洩らしたことがある。さりげない口ぶりだったが、内容は深刻である。

年とってからこうして一人で暮せる自立心の強いトキさんであるが、何かにつけて娘の文子さんを頼りにしていた。元はひと続きの畑だったところに文子さんの家族が住んでいるので、母娘の関係は、世帯を分けただけで昔とあまり変らない。

文子さんは観光土産の木彫りをしている夫との間に、十九歳を頭に三人の男の子がいる。夏は畑仕事、冬は刺繍の内職と、時間を惜しんで働き、それを苦にしているようには見えない気さくで明るい人だが、どの子も畑を継ぐ気がないのが先行き心配でならないという。

最初、挨拶に寄ったとき、文子さんはせっせと針を動かしながら「刺繍のできる人が来るというから楽しみにしてたんだよ」と言った。そして、阿寒湖畔のコタンにいたときの私を覚えていると、思いがけないことを言った。組合の店で働いていたときだから六、七年たっている。私は旅先で顔見知りの人と出遇ったような気がした。薪ストーブが木彫りの屑を焚いて真赤になっていたことも、この家に親しみを感じさせた。

その日帰り際に文子さんは「かあさんは頑固なんだよ。よろしく」と、トキさんに聞える声で言った。一人暮しの母親を案じて、見えないところで何かと気をもんでいる文子さんの様子が想像できた。思った通り、トキさんは家の外のことでは文子さんを頼り、文子さんは主婦の忙しい時間を割いて応えるということがたびたびあった。

お互いに淡々としながら、気持の通じ合った母娘である。

この辺りはアイヌの農家が多く、どの家族も強制的にコタンを追われて以来の長いつきあいである。トキさんも文子さんも親身になって人のことを気にかけるのは、この集落の人たちが同じ苦労や辛い経験をもつ者同士だからにちがいない。

この土地「フラッナイ」に一歩入れば、住んでいる人たちは、外から来た者にも自分たち仲間と同じように気づかい、分け隔てがない。

そういうトキさんの気持を最初に感じたのは、知人と一緒に訪ねたときである。バスの停留所を聞いた私に、トキさんは一度口に出した「フラッナイ」を、「公民館の手前」と、急いで言い直した。その地名を言えば、周りの人がアイヌの家族と気づいて反射的に目を向けるのを経験しているので、トキさんはいやな思いを少しでもさせないように、別の言い方に変えてくれたのである。

隣人の死

口述筆記が終りに近づいたころ、近所の老人の危篤の知らせが入った。一週間前に外出先で倒れてから入院していたが、意識の戻る望みはないという。外からの雑音は全くないといっていいほど静かだったこの家の空気が、そのために少し動き、トキさんは、近所づきあいにしばらく気をとられることになった。

老人が亡くなったのは、口述筆記の終った翌朝、私が帰り支度をしていたときである。

知らせを受けて間もなく文子さんが小走りにやってきて、通夜の段取りを自分の家のことのように母親と話し出した。老人の家族がのんびりしていることも、暮しの内実もよく知っているので、もどかしくてならないのである。

「今日はもうこれにかかりきりで、家のことは何もできないけどしようない。うちの人には我慢してもらうさ」

そう言って文子さんは慌しく出ていったが、その家へ必要な品々を届けた帰りにまたやってきた。そして、しんみりと言った。

「じいさんもアイヌでなかったら死なずにすんだのに、かわいそうだねえ。帯広の駅前で昼間倒れていて凍死しかけたっていうんだもの。すぐに声かけて起してやれば助かったのに、あれだけ大勢の人が歩いていて、誰も声かけてやらなかったんだねえ。じいさんの長い髭を見て、またアイヌが酔払って寝てると思ったから、みんな知らん顔したんだべさ。ひどいもんだねえ。この寒いときに外で寝る馬鹿がどこにいるって！　酒なんか飲んでなかったっていうよ」

老人はその朝早く帯広へ出かけ、昼ごろ用事をすませて帰りのバスを待っているうちに、急に気分が悪くなって倒れ込んでしまった。救急車が来るまでに二時間はたっており、皮膚のあちこちに凍傷による黒ずんだ斑点が現れ、意識不明になっていた。それきり意識はもどらず、昏睡状態のまま病院で亡くなったのである。

「でも、入院した日にじいさんの身許がわかってよかったんでしょう。救急車で運ばれるときはまだ意識があって、名前か住所か何か言ったんだね。病院ではそれがよく聞きとれなくて、この家を探すのに苦労したらしいけど、じいさんが最後に必死になってひと言言ったから、その日のうちに連絡があったんだよ」

老人は畑を息子夫婦に任せ、数年前から美幌峠で、観光客相手に写真のモデルをして働いていた。そこはオホーツク海からの強い風がまともに吹きつける場所で、夏でも長く立っていられないぐらい空気が冷たい。観光客の多い時期は、焼酎でも飲んで体を温めなければ一日中外でモデルを続けることはできない。老人はそうした仕事にも耐えるだけの体力のある人だったのに、誰もいないところならまだしも、街中で見殺しにされたと同じ死に方をしなければならなかった。アイヌに対して世間が冷たいからだと、文子さんは怒りを押え切れない様子だった。

トキさんに引き止められて、私はもう一日いることになった。「一日や二日くらい急がんだっていいべや。明日は葬式で寺へ行くから、その間留守番したっていいんでしょう。一人なら、帰ったって誰もいないべさ」

葬式の日は雪が舞っていた。トキさんは昼前、国道の向う側にある寺へ出かけ、二時ごろ帰宅した。「いやあ、大勢の人で賑やかだった。いろんな人が声かけてくるんだ。みんなまだ残って飲んだり話したりしていたけど、私は先に一人で帰ってきた。

これ、二人で食べないかい」

手をつけずに持って帰った折詰を拡げ、これもあれもと私にすすめながら、はじめてトキさんは老人のことを話題にした。「若い者はいろいろ言うけど、あのじいさんがしっかりしていたから、あの畑だって人に取られずにすんだんだよ。これから先どうするべね」

トキさんは自分とほぼ同じ時代を生きた老人のことを、それ以上は話さなかった。昔からのアイヌの暮しを農業に変える過渡期の苦労をともに味わい、アイヌ語の通じ合う仲間でもあった人を失ったというのに、ずいぶんあっさりしていた。あまりにも身近すぎて実感が湧かないということもあるだろうが、人の死を自然現象のひとつと捉え、すでに済んだことよりも現在から先を大事にするトキさん自身の考えや生き方によるのだろう。

もし文子さんから老人のことを聞かなかったら、私はこの数日の経過を詳しく知ることはできなかった。トキさんはこの出来事も含めて、近所とのつきあいは文子さんに任せ、自分は一歩退いていた。

私のいた間、文子さんはいつもの倍も気をつかったと思う。あるときは暗くなってから、毛ガニやキュウリ魚《ウオ》を届けに小走りにやってくると、「いま釧路から持って帰ったところなんだ。新しいうちに食べるといいよ。うちではこれから晩御飯だから」と、こちらがお礼を言う間もおかず、そそくさと帰ってしまったこともある。またあるときは、電話するより手っとり早いからと風呂を立てたことを知らせに走って来て、また走って帰った。

こうして、顔を出すか電話をするか窓越しに眺めるか、一日に一度は必ずこちらの様子を確かめないと気がすまない風だった。トキさんはそういう文子さんの、損得抜きに人の世話をせずにいられない性分を見ぬいて信頼していた。

文子さんは一度、近くに住んでいる従妹の房子さんを連れて、手仕事持参でゆっくりしていったことがあった。二人は年もそうちがわず同じくらいの背恰好だが、気性や話し方はまるで似たところがなかった。気持の弾み方や動作は、年齢と逆に文子さんの方が若く感じられた。

茶の間に坐るとすぐ文子さんは刺繍を始め、そうしないと落着いて話もできない様子でせっせと手を動かしていたが、房子さんはそれを見て、時折「ふーん、よくできるねえ。どうしたらそんなにできるようになるんだろう。私はできないんだ」と感心していた。

房子さんは朝鮮人の夫と二人で暮している。数年前に始めた園芸関係の仕事が、時流に乗って大きな利益を上げ、新築したばかりの家には集中暖房の設備がある。電気製品も最新のものを揃えて何不自由ない生活をしているけれど、それを喜んでいない。朝起きて電気掃除機をかけ終ると、あとはすることがなくて退屈でしようがない。食べたいものは何でも手に入るし、いつでもお湯の出る暖かい部屋があるというのに、少しも心が浮き立たず、体の調子も悪くなるばかりで困っている。

「とうさんと二人で山仕事や畑の出面をして、朝から晩まで働いていた時なら、こんなでなくて元気だったんだよ。動かないで家にじっとしているのは、何もいいことない。子供がいれば少しはちがうかもしれんけど、いなくたって一日外で体使っていれば、何も気になることなかったんだもの。前みたいに働いて暮したいよ」

けだるく何の衒《てら》いもない房子さんの話し方と低い声には、独特の魅力があった。

「そんなことといってないで、刺繡すればいいんでしょう。こんなの、誰だってできるんだから簡単だよ。ここで、いま習えばいいんだ」と、文子さんは励ますのだが、房子さんは最初から自分にはできないものと決めていた。文子さんの手許を覗きこんでは「上手だねえ、ふーん」というだけで、別に羨ましいとも思わず、他人事として見ているだけだった。

そのうち房子さんが、テウス（神がかり）の話を始めた。神がかりになった人の不思議な言動と、そこに神秘な力を感じて一体化しようとする周りの人々の畏怖の感情とを、ゆったりと話すのである。また、ある古老は旅先で火の神に祈りを捧げるとき、煙草の火でも電気コンロの火でも、とにかく炉に代わるものが目の前にないと祈らなかったという話などもした。いずれも何年か前に、そこに居合わせた人やアイヌの母親から聞いたと言っていたが、自分自身の見聞のように臨場感のある話しぶりだった。「テウス」と聞くとトキさんは身を乗り出し、自分にも覚えがあるというように頷いていた。文子さんも共感して相槌を打ち、三人は不思議な霊力の世界に感応しているように見えた。房子さんの悠々とした無機質の声はこの語りにふさわしく、巫女の託宣とは、これに近いものではなかったかと、私は想像した。

二人の主婦は夕食の支度があるので、暮れないうちに連れ立って帰っていった。トキさんは自分から進んで喋ろうとはせず、ほとんど聞くばかりだったが、それで十分楽しかったらしく、さっきまでいた二人の余韻の残る中で、こんなことを話した。

房子さんの母とトキさんの夫とは兄妹である。房子さんはアイヌの母と日本人の父との間に生まれたが、幼いころ自分たち母子を捨てていなくなった父のことは覚えていない。母が再婚した朝鮮人の夫を、いまでもほんとうの父親のように思っている。

「この辺は、昔からアイヌが住んでいたところだから、よそから来た人たちはみな、アイヌに習って暮していたんだよ。あの娘は母親からアイヌのことをいろいろ聞いて大きくなったから、父親はアイヌでなくても、気持はそっくりアイヌだよ」

トキさんのいう「よそから来た人たち」は、主に戦時中の徴用で北海道へ送りこまれた朝鮮人の労働者を指している。開拓農民で作る移民社会から疎外された者同士の濃やかなつきあいが、アイヌと朝鮮人の間に自然に生まれ、身内のように乏しいものを分け合い苦労を共にしてきたのである。

「この先の仙美里《せんびり》にかけて、何年か前まで朝鮮人がたくさん住んでいたんだ。それがいつの間にかみんな他所へ行って、このごろは一人も見なくなってしまった。日本が戦争に負けてから、あの人たちはここから出て行って、都会でいい仕事みつけて活躍してるんだよ。大したもんだ。自分たちの仲間が困っていれば呼んで、どんどん引っ張り上げるの。底力がちがうんだねえ。私ら、どこも行くとこないし、だれも引っ張ってくれる人もいないから、いつまでもこうして、同じところにじっとしてるさ」

しきりに感心しながら、トキさんはこんな話もした。

「ずっと前に、山の方で出稼ぎの朝鮮人が喧嘩しているのを見たことあるんだ。ものすごい取っ組み合いで、私ら見てる方が恐いくらいだったけど、その喧嘩の最中に二人が相談して一服するの。それからまた、真剣になって喧嘩を続けるんだ。アイヌでもシャモでもそんなことしないで、いい加減で止めるべさ。あの人たちは時間かけて徹底してやるんだねえ。私ら、ちょっと勝てないよ。ベトナムは同じような人たちの国だから、アメリカだって勝てなかったんでないの。私はそう思うよ」

ベトナム戦後の問題が頻繁にマスコミに取上げられていたころで、トキさんはそれを自分の身の周りの出来事に引きつけて解釈していた。

「戦争といったって、ふつうの喧嘩と理屈は同じだよ。何か欲しいものがあるからするんだ。私はそう睨んでるの」

「同じような人たち」とトキさんが言うのは、同じ民族、あるいは、アイヌとも日本人ともちがう粘り強さをもった東洋人という意味にとれる。戦争と喧嘩とを同じ目で見、ベトナム人と朝鮮人とを同じ民族性で捉える見方を、私はおもしろいと思った。

最後の日の夕食には、最初の日とおなじように肉と焼酎が添えられていた。明日帰る私のために、トキさんが文子さんに頼んで買ってきてもらったのである。何事にもけじめをつけるもてなしに、トキさんの心遣いを感じた。打上げの晩餐は快調に始まったが、ほどほどに飲むことによって気力を増すトキさんとは逆に、私はたちまち酔いが回り、二人で話したたくさんのことをほとんど憶えていないという不本意な結末になった。

毎晩のように強風が唸りを上げて家中の戸を揺すり、ときには家が壊れるかと思うほどのすさまじい雪嵐が襲うこともあった。だが、それも夜明けとともに静まり、白く凍った空気を通して青空が拡がるという日が続いた。私の帰る朝もよく晴れて風がなく、ここへ着いた日に比べると日射しはずっと明るく感じられた。寒さは厳しくても春に向かって、少しずつ確実に夜明けが早くなっているのである。

家を出るまでにすることはたくさんあった。作りつけの外の干し場へ、私の使った夜具を運ぶのに三回往復した。背丈ほどの高さに丸太を渡した物干しなので、布団の端が雪に触れそうになった。これでは干す効果はないと思うけれど、ほんのわずかでも日光に晒したことで安心できる。トキさんも私の来る前に干したと言っていたが、これはかなりの力仕事である。神経痛の体にはさぞこたえたことと思う。

そのあとは大掃除である。この日はじめて掃除機を使い、いつも手抜きしていた部屋の隅々まできれいにした。テレビの裏や足を踏み入れたことのない縁側には、数日前の節分の大豆が散らばっていて、音をたてて掃除機に吸いこまれた。

節分の夜はトキさんの一人舞台だった。自分の畑で穫れた大豆を五合ほども炒り、ありたけの声で「福は内、鬼は外」と繰返しながら、部屋部屋に撒いて回った。アイヌの唄に特有の抑揚をつけた叫び声は、闇の魔物を追い払うための呪文のように家中にひびいた。ちょうどその朝、隣家の老人が病院へ担ぎこまれたという知らせが入ったので、早く退院するようにという気持もこめられていたのかもしれない。

トキさんは日本人の節分に托して、アイヌの神々と交感し無我の境地に浸っていたにちがいない。豆を撒き終ると、何事もなかったように静かなさっぱりした表情で、またいつもの書き取りを続けたのだった。

このほか、私の受持っていた雑事をまとめてすませた。ドラム罐の灯油をポリタンクに汲み出し、室から野菜を運び、シロに餌をやった。前の晩に餌を新しくたっぷり作っておいたから、当分は困らないはずである。

昼前のバスに間に合うように家を出た。荷物は来た時とほとんど変らず、使ったテープ数本をトキさんに渡した分が減っただけで、ノートや紙の大半はそのまま、また持ち帰ることになった。

国道まで遮るもののない道は雪の照り返しで眩しく、私たちは目を細めて歩いた。トキさんは外出の日でもないのに「私も一緒に町まで行く。用事もあるんだ」と、目が覚めた時から私を送るつもりで支度していたのである。

文子さんが、私たちを外で待っていた。夫婦で町へ出るから、車で送るという。国道までは急な上り坂なので、車は轍から外れないように一気に上らないと、ガチガチに凍った雪道は危い。文子さんの夫は慎重に道と車を点検してから、私たちを乗せた。

国道は完全に除雪されていて、町まではあっという間に着いた。トキさんの家にいた間の意識の距離に比べて、実際の町までの距離は、呆気ないほど近かった。町外れの農協の近くで車を停めると、「バスの乗り場はすぐそこだから行けばわかる」と、助手席の文子さんが振向いて元気な声をかけた。トキさんもそこで降りると言った。

車を降りる私に文子さんは、あたふたと新聞紙に包んだもの——バナナが入っていた——を差出し、「途中で食べて」と言った。慌しい別れだったが、いつも体を動かし何かしていないと気のすまない文子さんとは、こういう形がふさわしい。

人通りのある町を歩くのは、久しぶりで楽しかった。トキさんは「バスのところまで送るから。用事はあとでいいんだ」と言うだけで相変らず口数は少なかったが、精いっぱいの好意が柔い表情に感じられた。

大通りへ出るとすぐ向うに、バス会社の事務所兼待合室の建物が見えた。その時、髪を高々とセットした中年の大柄の女性が、すれ違いざまトキさんに声をかけた。トキさんは会釈してやり過してから言った。

「あの人も私と同じ境遇なんだ。アイヌのもらい子だよ。この辺にはそういう人が何人かいて、たまに会って話すこともあるけど、いま会った人は私の気性に合わないから、あんまり話さないんだ。あの人はまだ娘のころからあちこち遠いところへ出稼ぎに行って、時々ああして帰ってくるんだ。金になることなら水商売でも何でもしてるって、いろいろ噂があるけど、ここへ帰ってきたって身内はいないんだよ。自分が大きくなったところだから、仕事がなくなるとやっぱり帰ってくるんだねえ。私はあんなきれいな恰好したこと一度もないけど、いい着物着なくても恥しいとは思わない。真面目に一所懸命働いてきてよかった。あの人のほんとうの親は何も言ってこなかったから、自分がどこの誰だかわからないんだって」

話し終ったときは待合室の前に来ていた。年輩の近在の人々が、木の長椅子に腰かけて賑やかに喋ったり笑ったりしていたが、戸口に私たちが立ったのに気づいて一斉にこちらへ顔を向けた。他意のない視線をすぐ元へ戻すと、彼らはまた話を続けた。

バスが来るまで少し時間があるので、中で休もうと言うと、トキさんは「ここで帰る、行くところもあるから。御苦労だったね、元気で」と、はにかむように笑って立ち去った。

私は待合室の入口の近くに外を向いて坐り、どうしてトキさんは中へ入るのをためらったのだろうと思った。人の集まるところは苦手で「一人でいるのがいちばんいい」とよく言っていたから、単に好き嫌いの問題かもしれないけれど、アイヌに対する世間の目を避けようとする気持が働いたからにちがいない。

この町は周辺の農家の人たちが買物に集まるところなので、大抵の人たちがお互いの顔や噂を知っている。いつ誰に見られているか、人目の気になる場所なのである。

これで、トキさんとの関わりはすっかり終った。機会をみてまた話を聞きたいといった私は「こういうこと、もう二度としないよ。他人を家へ入れたことなかったんだ。これから絶対だれも入れないから」と、トキさんに言われていた。

一時間待ちしていたバスに乗務員が乗り込み、間もなく発車するという時、乗客の一人が私に何か言っているのに気づいて首を回すと、窓の外にトキさんの姿が見えた。バスが出るまで、どこかで待っていてくれたのだった。閉め切った窓ガラスに顔をつけて私が合図すると、トキさんは笑顔で何度も頷き、ちょっと片手を挙げて遠ざかっていった。

おわりに

わずか二十日足らずであったが私は冬の農家に住み、一人暮しのアイヌのおばあさんから毎晩アイヌ語の話を聞くことができた。

発端が阿寒湖畔の知人のふとした思いつきであったことも、よりによって厳寒期に実現したことも、そこで過した日数も、昔から蜿蜒と繰返されてきた冬の暮しの偶然の一こまといえるけれど、私には得がたいものだった。

トキさんは自分でも認めているように、つい怒ったような養母ゆずりの話し方になるが、口調の強さとは逆に親切から言っている場合が多かった。知人の話したとおり気性が強く、表面は確かにそう見えるけれど、何かにつけて他人のことを自分と同じように案じずにいられないやさしさをもっている。

トキさんは、生後数か月間を除いては紛れもないアイヌとして生きてきた自分と、見たところはシャモである自分とを絶えず意識し、自分が実はどういう人間かを他人に説明せずにはいられなかった。自分も他人も同じように距離をおいてみることを、絶えず繰返してきたわけである。そうして理解し、理解されたいという気持が、形としてはやさしさとなって表われるのだろう。

数年前、トキさんはこんな場面に出遇った。観光地で行われたアイヌの大きな祭のあと、道内各地から集まった大勢のアイヌの若者や招待された老人たちと、賑やかな宴会の席に出ていた時のことである。

「若い者は元気に騒いでるから、年寄りだけ集まってアイヌ語を使っているんだ。他の者にはわからないと思って面白い話をしていたから、私はそこへ行ってアイヌ語で喋ったんだ。そしたら、みんな話すのをやめて私の顔見るの。シャモのくせしてアイヌ語が喋れるのかと、変に思ったんだべさ。私がばあちゃんと暮していたこと、誰も知らなかったからね。アイヌ語なら徹底して仕込まれたから、私は大抵の話はわかるんだ」

トキさんは、いつでもアイヌの立場で私に話しかけた。ある時は魚の焼き方を見て、自分でまた焼き直してきた。

「シャモは、こんな生焼けみたいなのを平気で食べるけど、私はもっと焦げるほど焼かないと気持悪い。魚はよく焼いた方がおいしいんだよ」

煮物や味噌汁ははじめに味つけをして、ぐつぐつ煮込む方がよいという。

「テレビで見たけど、あんたたちは味噌とかネギとか入れてからあんまり煮込まない味噌汁がいいって言うけど、私ら、はじめから味つけしておくんだ。その方が味がしみておいしいんだよ。ばあちゃんはいつでもそうだったんだ」

私は、アイヌ料理の味自慢にすぎないと思っていたが、トキさんは自分がよいと思うことを私にもすすめたいという気持だったにちがいないと、あとになって気づいた。

食物のことでは、一人でいる時の何倍も気をつかっていたと思う。町へ出る日は私の昼食の心配をし、材料を買うにもおかずを何にするかも、自分だけの好みでは決めず、食べたくても私に向かないと思うものは控えていたようだった。

冬の初めに作った漬物は、一度出しただけで引込められた。

「早くに作ったから味がなれすぎてうまくないべ。魚やらネギやらいろいろ入れたから栄養があるけど、いやだったら無理して食べないだっていいんだよ。はじめはおいしかったけど、魚がごちゃごちゃに混ざってしまった」

トキさんの好きな塩茹での骨付き肉が大鍋に一杯あったが、私のいた間は、台所の隅に置かれたままだった。それは、かつて狩漁猟に生きていたころのアイヌの代表的な食料であったが、生活がすっかり変ったいまでは、常食することができなくなっている。だが、世間ではいまだにアイヌの主食は米でなく肉だと思いこんでいる人たちがたくさんいるのを、トキさんは観光地の話などで知っているので、私に誤解されたくなくて出さなかったのかもしれない。

あるいは単純に、なかなか手に入りにくい貴重ないちばん好きな食物は、後の楽しみにとっておくということだったかもしれない。いずれにしろ、他人への心づかいから、好きなものも食べずに我慢していたにちがいない。

トキさんの話し方は屈折した独特のものだった。最初の朝私に、「寝ててもいい」「寝てないでもいい」と、ふたつ畳みかけておいて、おしまいに「起きたかったら起きればいい」と言ったが、この順序が口癖になっているようで、食物のことでもついそう言ってしまうというところがあった。

はじめは、ずいぶん理詰めのきつい言い方をする人だと思ったが、実は、相手の立場で考えずにいられないトキさん流の表現であることが、帰るころになってようやくわかるようになった。トキさんの強い発声法が、養母たちと広い山野で言葉を投げ合っていたころに鍛えられたものであることもわかった。アイヌ語の話になると、トキさんはアイヌかシャモかという意識から解放され、一人の人間であるところのアイヌとして、力をこめて語った。

養母に引きとられるまでのトキさんの背景には、暗い悲惨な状態や出来事が集中しているが、語りには暗さが感じられなかった。祝福されない誕生、東北から北海道への長旅、明治時代の開拓農家、飢餓すれすれの生活、子捨てと、どのひとつをとっても生き難い条件だが、幸運にもトキさんは危いところでそれらを切り抜け、養母の下でやっと安住することができた。

そこからトキさんのアイヌとしての人生が始まり、養母とアイヌ語によって自分を作り上げてきた。養母に救われた幸せを強く感じているからこそ、不幸だったころの話をすることができたのだった。

「シャモの神様は何もしてくれなかった。私はアイヌの神様に助けられたから、こうして生きていられるんだよ」とトキさんは言った。

私はアイヌの養子になった人を他にも何人か知っているが、トキさんのように、そのいきさつを詳しく聞いたことはなかった。

しかし、トキさんの話を聞いてから、異なった習慣や言葉のぶつかりあうところで苦労したその人たちのことをあらためて考えさせられ、もっとたくさんの話を聞いておけばよかったと思っている。

その中の一人で、トキさんより十ほど若い大正生まれの人から、きれぎれに聞いた話——その人はエトロフ島で生まれ、漁師をしていたアイヌの夫婦に育てられて、そこで結婚した。男の子が生まれたあと敗戦になり、命からがら根室へ引揚げたが、混乱のなかで日本人の夫とはぐれてしまった。子供を抱えて転々と北海道のあちこちで働き、再婚したアイヌの夫と阿寒湖畔へ来てようやく落ち着くことができた。実の両親は、エトロフへ出稼ぎにきた本州の漁師らしいという以外に何もわからず、前夫の消息もわからない。多分もう死んだのだろうという。

この話は、夏の観光地の明るい陽射しの中で、客の切れ目を縫って、二言三言あわただしく中途半端に聞いた。島では、養父母はやさしく、魚は川に溢れ、食物も不自由しなかった。少女のころから馬が好きで欲しくてたまらず、養父にねだって買ってもらってからは、毎日山野を乗り回して娘時代を過した。北海道よりさらに遠い島の、豊かで奔放な戦前の暮しぶりを、彼女は屈託なく話していた。

漁業と農業とでは生活も考え方も対照的だが、この人もトキさんも、過去の苦労を乾いた口調で話すところは同じで、ぎりぎりの瀬戸際を経験した人が身につけた生きる強さ、楽天性なのだろうかと思う。

この人のほかは戦後生れでずっと年齢が若く、豊かな社会で育った人たちである。過去を振返るにはまだ早く、生い立ちを話題にするきっかけはほとんどなかった。物心つくころから衣食住すべてが平均化し、たくさんの情報に囲まれた生活をしているので、アイヌの伝統を嗅ぎ取る感覚も薄れつつある。

私の知っているこれらの人たちの中で、トキさんと養母との強い結びつきは際立っている。ただ物質的に世話をし、されるだけの関係ではなく、また、一緒に暮せば情が湧くという自然発生的な感情にとどまらず、それを超えた何かが、二人の間に感じられる。

それは、人間としてこうありたいという願望、理想であり、養母のもっていたアイヌの誇りと言ってよい。トキさんは養母の傍で知らず識らずのうちにそれを体得し、与えられるものを残らず吸収しようとした。与える方も与えられる方も、最も望ましい互角に競り合える相手を得たわけで、二人は同じ目的をもつ同志でもあった。そうした精神的な結びつきが、単なる母子以上の間柄を感じさせるのだろう。

トキさんはアイヌよりアイヌらしく、農民より農民らしく見えたが、ふたつを演じ分けようという作意や、有利な方をとろうとする計算は働いていなかった。だれにも頼らず、自分の頭と手足を使って精いっぱい生きてきたトキさんの時間の厚みが、私にはそのように映ったのである。

トキさんは、実感や経験で捉えられないものは存在しない世界に生きてきた人である。あるのは目に見える自然であり、個々の人間の顔であり、日本人かアイヌかよりも、善悪や直接的な利害で判断して暮してきた。生活を取り巻く世の中の動きや政治は、どうしようもない強制や運命として、自分の生活に引き受けてきたのである。

私はそれをもどかしく思うけれど、生活そのものに徹することによって身につけたトキさんの鋭い感覚と自立心とは、どんな現実にも生き抜くだけの力として蓄えられている。観念に足をとられない生活の底力ともいえる。

アイヌ語が誤り伝えられていることをトキさんは気にしていたが、それ以前に、アイヌそのものがあまりよく知られていないという問題がある。混血が進んでいまは純粋のアイヌはいないはずだから、人種差別もないと考える人に会って、私は驚いたことがあるが、アイヌだからという理由で長い間に加えられた政治的社会的な差別は、依然として生き続けている。生物学的な純粋さが薄れるにつれて差別は自然消滅するというような考え方は、明治以来の政府がとっている同化政策の意図と同じで、アイヌの人間性や生活や文化を、物のように処理できると考えていることになる。

私はアイヌの研究者でもなくアイヌ語の専門家でもないが、トキさんの説明でたくさんの言葉とその豊かな意味を知ることができた。そして、語ることによって生きていた文字のない言葉と人間との関わりが、どれほど緊密なものだったかを、おぼろげに感じることができた。

とうとうトキさんは農家を続けることを諦めたという話を、その後しばらくして聞いた。コタンの暮しを農業に切り替えたときは、土に足をつけて働くという点で同じだったが、今度は商売を始めるそうだから、土とは縁が切れる。これから先の生活は、それまでとは大きく変えなければならなくなる。

しかし冬の時間は、人間が生活の手段をどう変えようと、びくともしない氷雪の力で守られる。トキさんはいよいよ強く、自分の最も確かな、養母とアイヌ語の生きていた最初の世界に引き戻され、そこに自分の拠りどころを認めて、いままでどおりの冬の暮しを続けるにちがいない。

あとがき

二十日足らず話しただけの農家のおばあさんのことを書き留めたいと思って始めたが、背景にある人々の暮しや風景を思い回らすうちに時間がたってしまった。農家に拘わったのは、私が季節労働をしていたことと、観光地を通して知ったアイヌの若者や店主のほとんどが、農漁業など一次生産労働との兼業か、その出身者だったことによる。

見たところ華やかな観光地で働く人たちは、トキさんのような人目につかないところできつい労働の毎日を繰返し、生活の拠りどころを確保してくれる身内や仲間がいることで支えられている。

観光地の商売はアイヌの家族にとって割合新しい職業である。それまでは、資本のある日本人の業者にわずかの賃金で一時的に雇われる例が多かった。私がいくらか事情を知っている阿寒湖畔のアイヌコタンは、戦後しばらくしてから作られた。はじめ数軒の店から少しずつ増えていき、六〇年代の高度経済成長の波に乗って大いに繁昌した。観光地に自分の店を持ち、定着するアイヌの家族が多くなったのはそのころである。

彼らは収入の面で、それまで長く閉ざされていた有利な職業をようやく手にすることによって、新しい職業や生き方を選ぶ余裕をもつことができた。アイヌに対する国の同化政策は、明治以来の「保護法」に依然生きているが、こうして現実の暮し向きが変るにつれて、アイヌ内部から「保護法」の改正や廃止の声が上りはじめている。

私のいた一九六五年ごろの阿寒湖畔は活気に満ち、若さに溢れていた。服装や音楽や踊りなど旅行者の持ち込む先端の流行を、アイヌの若者たちはすんなり受容れ、大胆に恰好よく楽しんでいた。個性的な表情には歌や踊りや彫刻、絵画、デザインの才能など、それぞれ異なった可能性が秘められ、機会さえあれば成功するにちがいないと思われる若者がたくさんいた。いま、何人もの人たちが世間から注目され、よい仕事をしている。

そこは観光地というより、外に向かって開かれた自由なアイヌの世界であり、新しい情報の流れ込む窓口であった。朝早くから夜更けまで、感覚を全開しておおらかに振舞う若い人たちの動きに圧倒されながら、私は仕事と楽しみとが混然とした生き方に感じ入っていた。

トキさんの毎日はそれに比べると、刺激のない別の世界である。「金が儲かるたって、朝も晩もないああいうところの生活はあまり感心しない。そこで暮したいとは思わない」と言っていた。

トキさんには自分の楽しみ方があり、時には思い切り解放感を味わっているにもかかわらず、私がそれを見落していたのではないだろうか。生真面目で几帳面で厳しい面は、私の主観や期待によるもので、実は楽しむことの好きな冗談のわかる人というのが、ほんとうかもしれない。阿寒湖畔で感じた独特の自由な雰囲気がアイヌの生活で培われたものの表われとすれば、その向光性ともいえる心の弾み方を、トキさんも身につけているはずである。

いつか知人は、トキさんについて言っていた。「酒が入ると、歌うたって手叩きながら、部屋のなかをとんで跳ねるんだよ。ここさ来ると安心して踊り出すんだ。好きなんだねえ」

昔の北海道は地域によるちがいが、時間的に数十年、あるいはそれ以上の開きに対応するような場合がある。例えば、養母たちの生活が移住者の勢いによって圧迫されたと本文に書いたが、交易の面では江戸時代に、すでにアイヌに対して日本人が優位に立ち始めていた。当時の函館や札幌を中心にした道南と、ここで取上げている十勝の内陸部とでは、異国ほどのちがいがあったとみてよいと思う。

また、養母はキロロのコタンで育ったが、そこは日本人の侵入を逃れて、海岸地方から移動してきた土地だったのかもしれない。そうした移動は各地でたえず繰返されていたらしい。

アイヌ語の発音や意味やチセの建て方など、移動によって各地の特色が混じっていたり、地域固有のものがあったり、厳密にはよくわからないことが多い。トキさんの話は、私が聞いた通りに書いたつもりだが、聞きちがいもあることだろう。言葉に対するトキさんの愛着を、説明の仕方から読み取ってもらえたらと思う。

この十年で、生活の形はずいぶん変った。ここに書いたトキさんの家も、阿寒湖畔の知人の店もなくなった。二人とも以前よりよい家に移ったことでほっとするが、移りたくないのに移らなければならなかったのなら話は別である。

知人とトキさんには、こちらの思いの至らなかったことがいろいろあったと思う。
また出版にあたっては、筑摩書房の村上彩子さんにご協力を頂いた。いずれの方にも厚くお礼を申します。

一九八四年七月二十二日

著者

解説　彷徨う人々への灯火

本田優子

本書は、今からほぼ半世紀前の一九七三年、茅辺かのう（一九二四〜二〇〇七）という京都生まれの女性が十勝のアイヌの農家に二十日間ほど泊まり込み、アイヌ語を筆録した際の体験をまとめたものである。アイヌ民族への差別が根深く存在し、ほとんどの人々がアイヌ文化など一顧だにしなかった当時、アイヌ語について学んだこともない彼女がそこに至った経緯だけでも一編の物語となる。加えて、そのアイヌ語筆録を依頼した女性「トキさん」も、本州からの開拓移民の家に生まれつつ、生後まもなくアイヌ女性の養子となりアイヌ文化を受け継いだという数奇な運命を辿った女性である。

書くべきことがあまりにも多岐にわたり複雑であることから、私は今回、文庫化にあたっての解説を一度は辞退した。到底自分の力の及ぶところではないと考えたのだ。

それでもあえて筆を執ることにしたのは、私自身が一九九〇年代半ばに初めてこの本を読んだ時の記憶がよみがえったからである。当時私は十一年間暮らした二風谷（平取町）というアイヌの集落から、職も定まらないまま札幌に居を移し、アイヌではない自分がアイヌ文化に関わって生きることの意味を模索していた。それゆえ、置かれた状況はまったく異なるとはいえ、「アイヌの世界に生きる」ことを自らの意志で選びとったトキさんという女性に強く心を揺さぶられ、背中を押されたかのように感じたのだった。

さて、まずは著者の茅辺かのうについて書かなければならない。ここでは那須耕介・鶴見俊輔『ある女性の生き方―茅辺かのうをめぐって』（編集グループ〈SURE〉二〇〇六）に基づき簡単にまとめることにしたい。彼女は本名を井上美奈子という。日本画家の父をもち、東京女子大英文科を卒業後、京都大学文学部に入学した。京大に入った初の女性の一人だったが、二回生で中退し東京に出た。学芸通信社に勤務しつつ三池闘争の支援や安保闘争に参加していたが、一九六二年に東京を引き払い、網走の水産加工工場で働くことにした。この時、「やめときぃな、そんなん」と諭したのが司馬遼太郎だったという。しかしそれをも振り払って網走に行き、一九六四年春からは帯広で農業労務者として働いた。

そしてその年の十二月、初めて阿寒湖のアイヌコタン（アイヌの村）を訪れたことが大きな転機となった。突然、知人のアイヌ女性が経営する観光土産品店で働いてほしいという申し出を受けたのだ。このあたりの経緯は、茅辺のもう一冊の著書『階級を選びなおす』（文藝春秋　一九七〇）に詳しい。戸惑いつつも結局一九六五年四月から働くことになり、さらに翌年には木彫師たちの共同組合が設けた直売店の管理一切も任されることになった。

茅辺は、観光ブームに沸いていたこの時期のコタンの熱気を活写するとともに、常に客から好奇の目を向けられるアイヌの人々の日常を「二重の虚構の上に成り立っているような生活」と記している。もう一つ、この時期のことを書いたエッセイに「ある差別―虚構のコタンから―」（『展望』一九七二年七月号　筑摩書房）がある。そこで描かれるアイヌコタンの日常や来訪者たちによって生み出されるひずみは、半世紀を経た今にも通じるものがある。茅辺は「アイヌの特殊性を誇張しうる場が出来たことは、そのために差別され階層外に陥れられた歴史を持つ者にとって、自己主張や告発をするための舞台とし得る」との理解を示しつつも、結語では「物資次元での幸福感や、売るためにアイヌを誇張することなどから自分たちを解放しなければならないだろう」と言い放つ。

今回、当時の茅辺を記憶している阿寒湖在住のアイヌ女性、瀧口ユリ子さんと山本栄子さんにお話をうかがう機会を得た。二人とも、茅辺かのうではなく「井上美奈子さん」と呼び、心底懐かしそうに語られた。「ココアにバターを入れてくれておいしかった」、「いいところのお嬢さんでパンを焼いてくれたりした」、「そばにいておしゃべりしたくなる温かい人」、「全てをわかってくれてホッとできるおねえさん」、「母と同じ歳なのに三十前にしかみえなかった」。当時の茅辺は四十歳を過ぎていたが、組合の直売店には老いも若きも男たちが入り浸っていたという。現実を切り取る怜悧な視線と、コタンの人々への温かな眼差しが同居した魅力的な女性だったのだろう。山本さんは、茅辺が京都に帰ってからも交流を続けていたという。

刺繡も上手だったという茅辺は、一九六八年には旭川のアイヌ刺繡工房で働くようになったが、冬の間は阿寒湖の知人宅に何日も滞在し、家事を手伝ったりしていた。

そんな折、十勝の本別町で暮らすトキさんのアイヌ語の口述筆記を頼まれたのだった。

一九七三年の一月から二月にかけてトキさんと生活を共にした茅辺は、同年五月に京都に戻り、この時の体験を「土と雪のあいだ　あるアイヌ農婦の七十年」というタイトルで三回に分けて連載した（『思想の科学』一九七五年六～八月号）。これに補筆し、まとめ直したものが本書だが、そこには様々な相違点が確認できる。

たとえば以下のような例がある。前述のようにトキさんは開拓移民の子どもとして生まれたが、母親は日々の開拓労働に追われ、五歳にもならない上の子（父違いの兄）に子守りを委せきりにした。男の子は逃れたい一心でトキさんを川へ放り投げたが、川面まで届かず柳の灌木林に落ち、刈ったばかりの切り口が後頭部にささった。冒頭近くの衝撃的シーンである。本書では、「結果的には自分が産んだ子が死ぬことを望んだ」として母親を責めるトキさんを描いているが、「土と雪のあいだ」では、大人たちは男の子に「赤ん坊を捨ててもいいといった」と記されている。

このような記述の違いは随所に見られ、九年の歳月により、トキさんをめぐる茅辺の思考や理解が変化し整理されたことがうかがえる。それは厳しい自然の中で生き抜く農婦をイメージさせる「土と雪のあいだ」というタイトルから、アイヌ文化を受け継ぐ存在としてのトキさんをストレートに表現した「アイヌの世界に生きる」というタイトルへの変化にも如実に示されているように思う。

ところで、トキさんは正式な養子縁組みをしてアイヌの養母にもらわれたということを「自分が生きていることの大切な証」として強調したとされる。ここで私の胸にストンと落ちたことがある。アイヌ語で「もらい子」のことをアフプカラポ（アフプカラ＝もらう、ポ＝子ども）というが、私が学んだアイヌ語（沙流方言）では「もらう」に対応する二種類のアイヌ語、アフプカラとエウンケライを使い分けている。前者はこちらから頼んでもらってくる場合であり、後者は、たまたまもらう、あるいは思いがけなく授かるというような場合である。開拓期には、和人が育てられなくなった捨て子をアイヌの人々がもらい受けた例が数多く存在すると言われるが、実際にはアイヌ側から望んだというより、かわいそうで引き取った場合がほとんどである。それでも、こちらが望んでもらい受けたという意味のアフプカラを使うのだ。そこに込められている配慮や慈愛にあらためて気づかされた。

そのほかにも本書によって感覚化できた学びは多かった。紙幅の関係で詳述はできないが、アイヌ語やアイヌの宗教観はもちろん、たとえば歴史上の知識に過ぎなかった北海道旧土人保護法に基づくアイヌ民族の農耕民化の過程も、給与地の開墾に追い立てられる養母とトキさんの姿を通して、実感を伴って理解することができた。

さて、ここで伝えなければならないことがある。実は「トキさん」は仮名であり、本名は澤井トメノさんという。生年は公的には明治四二（一九〇九）年とされることが多いが、本書にあるように実際には明治三九（一九〇六）年である。コタンのサパネクㇽ（指導者）を務めた家柄の青年と十七歳で結婚し、十二人の子どもを産み、四十六歳で夫に先立たれた後も幼子を抱えつつ農作業に明け暮れた。晩年はアイヌ語本別方言の伝承者として一九九七年度のアイヌ文化賞を受賞しており、アイヌ文化関係者で彼女のことを知らない者はいないと言ってよいだろう。

けれども本当に恥ずかしい話ではあるが、私は長らく本書の主人公のトキさんと、澤井トメノさんが同一人物であることに気づいていなかった。むしろ、トメノさんと同じようにアイヌに育てられた和人の事例として紹介さえしていた。しかし本書を読み返した時、口述の最後に語ったという「ネウサルモンの娘トキ」（一六九頁）の部分でフリーズしてしまった。ネウサルモンは澤井トメノさんの養母として知られる方だからだ。そこで初めて私は仮名が用いられていたことに気づき、その瞬間、瞳をキラキラと輝かせながらきっぱりとした口調で話されるトメノさんの姿と、本書に描かれたトキさんが完全に重なり、実像として立ちのぼってきた。

それにしても、そのように著名な伝承者をなぜ仮名にする必要があるのか。阿寒湖のある男性が言った。「そういう時代だったんだ。仮名かイニシャルのABCが当たり前だった」。たしかに本書が出版された一九八〇年代前半には、各地でアイヌ文化復興の機運が高まりつつあったが、それでも長い差別の歴史からアイヌであることを公表できない気配は色濃く漂っていた。

実は「土と雪のあいだ」では養母のことは「コルチ（うちのおばあちゃん）」と表現し、口述の最後に「コルチの娘佐川トキ」と締めくくったことになっている。しかし本書では、トキさんについては同じ仮名を用いながら、養母についてはネウサルモンという実名を出している。なぜだろう。私はここに茅辺の葛藤と意志を感じる。仮名の使用によりトメノさんを安全な仮想域に置くことはできるが、養母に対する思慕やアイヌ文化へのゆるぎない思い、真摯で品格を備えた生き方、それらすべてを虚構とすることも耐えがたい。結果、仮想と現実とをつなぐ糸としてネウサルモンという実名が使われたのではないだろうか。

今回私は悩んだ末、ご子孫の了承を得て、トキさんの本名が澤井トメノさんであることを明らかにした。なぜならこのままでは多くの読者が、トキさんの「アイヌの世界」は茅辺のノートにのみ記録され、受け継がれることなく消えてしまったと考えるに違いないと思ったからだ。実際には、トメノさんのご子息の澤井アクさんがアイヌ語本別方言の伝承者として後進の指導にあたっておられ、本書にも記されているオオカミについてのトメノさんの語りを伝えるなど、伝統は受け継がれている。

最後に一言付け加えるならば——今の社会、人が人として生きるのはとても難しい。誰もが地球環境の激変を感じ、このまま進めば崖から転がり落ちるという予感に心の底で怯えている。前述の那須耕介氏は、茅辺の人生を「アイヌの世界にうまく軟着陸できた」と評している。そうなのだ。本書は、生きる世界を求めて彷徨う人々に、軟着陸の地点を示す灯火の一つとなるような気がする。

本書は一九八四年九月、筑摩書房より刊行された。

釜ヶ崎から　生田武志

失業した中高年、二十代の若者、DVに脅かされる母子——。野宿者支援に携わってきた著者が、「究極の貧困」を問う圧倒的なルポルタージュ。

東京骨灰紀行　小沢信男

両国、谷中、千住……アスファルトの下、累々と埋もれる無数の骨灰をめぐり、忘れられた江戸・東京の記憶を掘り起こす鎮魂行。（黒川創）

聞書き　遊廓成駒屋　神崎宣武

名古屋中村遊廓跡で出くわした建物取壊し。そこから著者の遊廓をめぐる探訪が始まる。女たちの隠された歴史が問いかけるものとは。（井上理津子）

無敵のハンディキャップ　北島行徳

同情の拍手などいらない！　リング上で自らをさらけ出し、世間のド肝を抜いた障害者プロレス団体「ドッグレッグス」、涙と笑いの快進撃。（齋藤陽道）

宮本常一が見た日本　佐野眞一

戦前から高度経済成長期にかけて日本中を歩き、人々の生活を記録した民俗学者、宮本常一。そのまなざしと思想、行動を追う。（橋口譲二）

沖縄と私と娼婦　佐木隆三

アメリカ統治下の沖縄。ベトナム戦争が激化するなか、米兵相手に生きる風俗街の女たちの姿をヒリヒリと肌を刺す筆致で描いた傑作ルポ。（藤井誠二）

白い孤影　ヨコハマメリー　檀原照和

白の異装で港町に立ち続けた娼婦。老いるまで、そのスタイルを貫いた意味とは？　20年を超す取材をもとにメリーさん伝説の裏側に迫る！（都築響一）

アフガニスタンの診療所から　中村哲

戦争、宗教対立、難民。アフガニスタン、パキスタンでハンセン病治療、農村医療に力を尽くす医師と支援団体の活動。（阿部謹也）

本土の人間は知らないが、沖縄の人はみんな知っていること　矢部宏治

普天間、辺野古、嘉手納など沖縄の全米軍基地を探訪し、この島に隠された謎に迫る痛快無比なデビュー作。カラー写真と地図満載。（白井聡）

富岡日記　和田英

ついに世界遺産登録。明治政府の威信を懸けた官営模範器械製糸場たる富岡製糸場。その工女となった「武士の娘」の貴重な記録。（斎藤美奈子／今井幹夫）

サンカの民と被差別の世界　五木寛之

歴史の基層に埋もれた、忘れられた日本を掘り起こす。漂泊に生きた海の民・山の民。身分制で賤民とされた人々。彼らが現在に問いかけるものとは。

わが引揚港からニライカナイへ　五木寛之

玄洋社、そして引揚者の悲惨な歴史とは？　アジアとの往還の地・博多と、日本の原郷・沖縄。二つの土地を訪ね、作家自身の戦争体験を歴史に刻み込む。

隣のアボリジニ　上橋菜穂子

大自然の中で生きるイメージとは裏腹に、町で暮らすアボリジニもたくさんいる。そんな「隣人」アボリジニの素顔をいきいきと描く。（池上彰）

弾左衛門と江戸の被差別民　浦本誉至史

浅草弾左衛門を頂点とした、花の大江戸の被差別民の世界に迫る。ごみ処理、野宿者の受け入れなど現代にも通じる都市問題が浮かび上がる。（外村大）

熊を殺すと雨が降る　遠藤ケイ

山で生きるには、自然についての知識を磨き、己れの技量を謙虚に見極めねばならない。山村に暮らす人びとの生業、猟法、川漁を克明に描く。

父が子に語る近現代史　小島毅

日本の歴史は、日本だけでは語れない――。未来の世代に今だからこそ届けたい！　ユーモア溢れる大人気日本史ガイド・待望の近現代史篇。（出口治明）

木の教え　塩野米松

かつて日本人は木と共に生き、木に学んだ教訓を受け継いできた。効率主義に囚われた現代にこそ生かしたい「木の教え」を紹介。（丹羽宇一郎）

被差別部落の伝承と生活　柴田道子

半世紀前に五十余の被差別部落、百人を超える人々から行った聞き書き集。暮らしや民俗、差別との闘い。語りに込められた人々の思いとは。（横田雄一）

カムイ伝講義　田中優子

白土三平の名作漫画『カムイ伝』を通して、江戸の社会構造を新視点で読み解く。現代の階層社会の問題が見えると同時に、エコロジカルな未来も見える。

日本の村・海をひらいた人々　宮本常一

民俗学者宮本常一が、日本の山村と海、それぞれに暮らす人々の、生活の知恵と工夫をまとめた貴重な記録。（松山巌）

ちくま文庫

アイヌの世《せ》界《かい》に生《い》きる

二〇二一年七月十日　第一刷発行

著　者　茅辺かのう（かやべ・かのう）

発行者　喜入冬子

発行所　株式会社　筑摩書房
東京都台東区蔵前二―五―三　〒一一一―八七五五
電話番号　〇三―五六八七―二六〇一（代表）

装幀者　安野光雅

印刷所　中央精版印刷株式会社

製本所　中央精版印刷株式会社

乱丁・落丁本の場合は、送料小社負担でお取り替えいたします。
本書をコピー、スキャニング等の方法により無許諾で複製することは、法令に規定された場合を除いて禁止されています。請負業者等の第三者によるデジタル化は一切認められていませんので、ご注意ください。

© TAKEYUKI INOUE 2021 Printed in Japan

ISBN978-4-480-43752-5　C0195